Do que eu falo
quando eu falo de corrida

HARUKI MURAKAMI

Do que eu falo quando eu falo de corrida

Um relato pessoal

TRADUÇÃO
Cássio de Arantes Leite

24ª reimpressão

Copyright © 2007 by Harukimurakami Archival Labyrinth

Grafia atualizada segundo o Acordo Ortográfico da Língua Portuguesa de 1990, que entrou em vigor no Brasil em 2009.

Título em inglês
What I Talk About When I Talk About Running
Publicado originalmente no Japão com o título Hashiru Koto Ni Tsuite Kataru Toki Ni Boku No Kataru Koto

A presente tradução foi feita a partir da edição norte-americana, traduzida do japonês por Philip Gabriel.

Capa
Retina_78

Crédito de imagem da página 6
Masao Kageyama

Revisão
Ana Julia Cury
Taís Monteiro
Tamara Sender

cip-Brasil. Catalogação na fonte
Sindicato Nacional dos Editores de Livros, rj

M944d
    Murakami, Haruki
      Do que eu falo quando eu falo de corrida : Um relato pessoal / Haruki Murakami ; tradução Cássio de Arantes Leite. – 1ª ed. – Rio de Janeiro : Objetiva, 2010.

      Título original: What I Talk About When I Talk About Running.
      isbn 978-85-7962-027-0

      1. Murakami, Haruki. 2. Experiências de vida. 3. Maratona. i. Leite, Cássio de Arantes. ii. Título.

	CDD: 895.635
10-2862	CDU: 821.521-3

Todos os direitos desta edição reservados à
EDITORA SCHWARCZ S.A.
Praça Floriano, 19, sala 3001 — Cinelândia
20031-050 — Rio de Janeiro — rj
Telefone: (21) 3993-7510
www.companhiadasletras.com.br
www.blogdacompanhia.com.br
facebook.com/editora.alfaguara
instagram.com/editora_alfaguara
twitter.com/alfaguara_br

Do que eu falo
quando eu falo de corrida

Haruki Murakami, 1983.

Prefácio

Sofrer é opcional

Existe um ditado sábio que diz o seguinte: um cavalheiro de verdade nunca fala a respeito das mulheres com quem terminou um relacionamento ou sobre quanto ele paga de imposto. Na verdade, isso é uma grande mentira. Acabei de inventar. Desculpe! Mas se existisse mesmo um ditado como esse, acho que uma terceira condição para ser um cavalheiro seria manter a boca fechada sobre o que você faz para manter a forma. Pelo menos é assim que eu penso.

Como todo mundo sabe, não sou nenhum cavalheiro, então não deveria nem estar preocupado com isso, para começo de conversa. Mas, mesmo assim, fico um pouco hesitante sobre escrever este livro. Talvez isso soe um pouco como fugir da raia, mas este é um livro sobre correr, não um tratado sobre como ser uma pessoa saudável. Não estou aqui tentando dar conselhos do tipo: "Certo, pessoal — vamos correr todos os dias para ficarmos saudáveis!". Em vez disso, este é um livro no qual juntei meus pensamentos sobre o que correr significou para mim como pessoa. Apenas um livro em que pondero sobre várias coisas e penso em voz alta.

Somerset Maugham certa vez escreveu que em cada barbear reside uma filosofia. Eu não poderia estar mais de acordo. Por mais mundana que uma ação possa parecer, fique nela tempo suficiente e ela se tornará um ato contemplativo, meditativo, até. Como escritor, então, e como um corredor, não acho que escrever e publicar um livro com meus pensamentos pessoais sobre correr me faça desviar muito de meu caminho usual. Talvez eu seja apenas um tipo de sujeito excessivamente meticuloso, mas não consigo captar grande coisa a respeito do que quer que seja sem deitar meus pensamentos por escrito, de forma que tenho de fato que pôr mãos à obra e escrever estas palavras. De outro modo, jamais saberia o que correr significa para mim.

Certa vez, eu estava num quarto de hotel em Paris lendo o *International Herald Tribune* quando topei com uma matéria especial sobre maratona. Havia entrevistas com inúmeros maratonistas famosos e foi-lhes perguntado que mantra especial passava por suas cabeças para mantê-los animados durante uma corrida. *Que pergunta interessante*, pensei. Fiquei impressionado com todas as coisas diferentes que aqueles corredores pensam quando correm os 42,195 quilômetros. Isso só vem provar quão extenuante é de fato uma maratona. Se você não fica repetindo um mantra de algum tipo para si mesmo, nunca vai sobreviver.

Um corredor contou a respeito de um mantra que seu irmão mais velho, também corredor, lhe ensinara, e sobre o qual ele refletia desde que começara a correr. Ei-lo aqui: a dor é inevitável. Sofrer é opcional. Digamos que você esteja correndo e comece a pensar: *Cara, que dor, não aguento mais.* Sentir *dor* é uma realidade inescapável, mas continuar ou não suportando é algo que cabe ao corredor. Isso em grande parte resume o aspecto mais importante da realização de uma maratona.

Já faz cerca de dez anos que tive a ideia de escrever um livro sobre corrida, mas ao longo do tempo tentei uma abordagem depois da outra sem nunca de fato parar e escrever. *Correr* é meio que um tema vago, antes de mais nada, e achei difícil imaginar exatamente o que deveria dizer a respeito dele.

A certa altura, contudo, decidi que deveria apenas escrever honestamente sobre o que penso e sinto quanto a correr, e me ater ao meu próprio estilo. Percebi que era o único modo de seguir em frente, e comecei a escrever o livro, trecho após trecho, no verão de 2005, terminando-o no outono de 2006. Excetuando alguns lugares que menciono de textos anteriores que escrevi, a maior parte deste livro registra meus pensamentos e sensações em tempo real. Uma coisa que notei foi que escrever honestamente sobre correr e escrever honestamente sobre mim mesmo são quase a mesma coisa. Então suponho que não haja problema em ler isto como uma espécie de relato pessoal centrado no ato de correr.

Apesar do fato de que eu jamais chamaria parte alguma deste livro de *filosofia* propriamente dita, ele realmente contém certa quantidade do que pode ser rotulado como lições de vida. Talvez não sejam grande coisa, mas são lições pessoais que aprendi ao pôr meu corpo efetivamente em movimento, descobrindo, assim, que sofrer é opcional. Pode acontecer de essas lições não se prestarem a generalizações, mas é justamente porque o que é apresentado aqui sou *eu*, o tipo de pessoa que sou.

AGOSTO DE 2007

Um

5 DE AGOSTO DE 2005 — KAUAI, HAVAÍ

Quem ousa rir de Mick Jagger?

Estou em Kauai, no Havaí, hoje, sexta-feira, 5 de agosto de 2005. O dia está incrivelmente claro e ensolarado, sem uma nuvem no céu. Como se o conceito de *nuvens* nem sequer existisse. Vim para cá no fim de julho e, como sempre, alugamos uma casa em um condomínio. Pelas manhãs, quando está fresco, permaneço sentado à minha mesa, escrevendo todo tipo de coisa. Como agora: estou escrevendo isto, um texto sobre correr que posso perfeitamente elaborar conforme desejo. É verão, então naturalmente faz calor. O Havaí costuma ser chamado de ilha do verão eterno, mas como fica no hemisfério norte, é razoável dizer que existem quatro estações de algum tipo. O verão é um pouco mais quente que o inverno. Passo um bocado de tempo em Cambridge, Massachusetts, e, comparado a Cambridge — de clima tão quente, úmido e pesado com todos aqueles tijolos e concreto que chega ao ponto de ser uma espécie de tortura —, o verão no Havaí é um verdadeiro paraíso. Não há necessidade de ar-condicionado por aqui — apenas deixe a janela aberta e uma brisa refrescante vai entrar. As pessoas em Cambridge sempre ficam surpresas quando ouvem falar que passo os meses de agosto no Havaí. "Por que você quer passar o verão num lugar quente daqueles?", é o que me perguntam invariavelmente. Mas elas não sabem como é. Como os constantes ventos alísios vindos do nordeste tornam os verões frescos. Como a vida é feliz por aqui, onde podemos desfrutar de horas ociosas, lendo um livro à sombra de árvores ou, se a ideia nos vier à cabeça, descendo sem nem precisar trocar de roupa para um mergulho na baía.

Desde que cheguei ao Havaí tenho corrido cerca de uma hora todo dia, seis dias por semana. Faz dois meses e meio agora que retomei meu antigo estilo de vida em que, a menos que seja totalmente impossível, corro todos os dias. Hoje corri por uma hora e dez minutos, escutando em meu walkman dois álbuns do Lovin' Spoonful — *Daydream* e *Hums of the Lovin' Spoonful* — que gravei em um MiniDisc (MD).

No momento meu objetivo é aumentar a distância percorrida, de modo que velocidade não vem tanto ao caso. Contanto que eu possa correr uma certa distância, isso é tudo que importa. Às vezes, corro rápido quando sinto vontade, mas, se aumento o ritmo, diminuo a quantidade de tempo que corro, e a ideia é deixar que a exaltação que sinto no fim de cada corrida dure até o dia seguinte. É o mesmo tipo de abordagem que creio ser necessária quando estou escrevendo um romance. Paro todo dia bem no momento em que sinto que posso escrever mais. Feito isso, o dia de trabalho seguinte transcorre surpreendentemente bem. Acho que Ernest Hemingway fazia alguma coisa parecida. Para seguir em frente, é preciso manter o ritmo. Isso é o mais importante em projetos de longo prazo. Assim que você estabelece o ritmo, o resto vem a reboque. O problema é conseguir fazer com que a roda fique girando a uma determinada velocidade — e chegar a esse ponto exige o máximo de concentração e esforço de que a pessoa é capaz.

Choveu um pouco enquanto eu corria, mas foi uma chuva agradável e refrescante. Uma nuvem pesada se avolumou acima de mim, vinda do oceano, e a chuva amena caiu por algum tempo, mas depois, como que lembrando, "Ai, esqueci que eu tinha umas coisas pra fazer!", ela se afastou rapidamente sem nem sequer olhar para trás. E então o sol inclemente voltou, queimando a terra. É um padrão climático muito fácil de assimilar. Nada de confuso ou ambivalente sobre ele, nem a mais leve insinuação metafórica ou simbólica. No caminho, passei por outros corredores, homens e mulheres em número relativamente igual. Os mais cheios de energia chispavam pela pista, cortando o ar como se tivessem ladrões em seus calcanhares. Outros, acima do peso, bufavam e resfolegavam, os olhos semicerrados, os ombros caídos como se aquilo fosse a última coisa no mundo que gostariam de estar fazendo. Parecia que uma semana antes seus médicos lhes haviam informado que tinham diabetes e advertido a começarem a se exercitar. Estou em algum ponto entre as duas coisas.

Adoro escutar o Lovin' Spoonful. A música deles tem qualquer coisa de casual e jamais é pretensiosa. Escutar essa música relaxante me traz de volta lembranças dos anos 1960. Mas nada muito especial. Se fossem fazer um filme sobre minha vida (só pensar nisso já me deixa assustado), essas seriam as cenas que ficariam jogadas no chão da sala de edição. "Podemos deixar esse episódio de fora", explicaria o editor. "Não é ruim, mas é meio comum e não diz grande coisa." Esse tipo de lembrança — despretensiosa, lugar-comum. Mas para mim são todas significativas e valiosas. Conforme cada uma dessas lembranças perpassa minha mente, tenho certeza de que inconscientemente sorrio, ou manifesto um ligeiro franzido na testa. Por mais lugares-comuns que possam ser, o acúmulo dessas lembranças levou a um resultado: eu. Eu aqui e agora, no litoral norte de Kauai. Às vezes, quando penso na vida, me sinto como um destroço à deriva que foi parar numa praia.

Enquanto corro, os ventos alísios soprando da direção do farol lançam as farfalhantes folhas de eucalipto por cima de minha cabeça.

Passei a morar em Cambridge, Massachusetts, no fim de maio deste ano, e correr tem sido mais uma vez o eixo central de minha rotina diária desde então. Estou correndo seriamente, agora. Com *seriamente* quero dizer sessenta quilômetros por semana. Em outras palavras, dez quilômetros por dia, seis dias por semana. Seria melhor se eu corresse sete dias, mas tenho de considerar os dias de chuva, e dias em que o trabalho me mantém ocupado demais. Há alguns dias, também, em que francamente me sinto cansado demais para correr. Levando tudo isso em conta, deixo um dia por semana livre. Assim, com sessenta quilômetros por semana, cubro duzentos e sessenta quilômetros todo mês, o que para mim é meu padrão de correr *seriamente*.

Em junho segui exatamente esse plano, correndo duzentos e sessenta quilômetros em cima da pinta. Em julho aumentei a distância e cobri trezentos quilômetros. Mantive a média de dez quilômetros diários, sem deixar um único dia livre. Não quero dizer que percorri precisamente dez quilômetros por dia. Se eu corro quinze quilômetros num dia, no dia seguinte corro apenas cinco. (Meu ritmo de corrida em geral é de dez quilômetros por hora.) Para mim, isso é definitivamente correr a um ritmo sério. E desde que vim para o Havaí eu mantenho esse ritmo. Já faz muito tempo que sou capaz de correr distâncias como essas e manter esse tipo de programa fixo.

Existem vários motivos por que, a certa altura de minha vida, parei de correr seriamente. Antes de tudo, minha vida foi ficando muito ocupada, e tempo livre se tornou cada vez mais um artigo de luxo. Quando eu era mais novo, não é que tivesse todo o tempo livre que queria, mas pelo menos não tinha tantas tarefas diferentes quanto tenho agora. E não sei por quê, mas quanto mais velho você fica, mais ocupado você é. Outro motivo foi que passei a me interessar mais por triatlo do que por maratonas. Triatlo, é claro, envolve nadar e pedalar, além de correr. A parte da corrida não é um problema para mim, mas a fim de dominar as outras duas modalidades da competição tenho de devotar grande parte do tempo a treinar natação e ciclismo. Tive de começar do zero com a natação, reaprendendo a forma correta de nadar. Aprendi também as técnicas corretas de pedalar e treinei os músculos necessários. Tudo isso demandou tempo e esforço e, como resultado, me restou menos tempo para dedicar à corrida.

Provavelmente, o principal motivo, contudo, foi que em certo momento eu simplesmente me cansei do esporte. Comecei a correr no outono de 1982 e venho correndo desde então por quase vinte e três anos. Ao longo desse período treinei quase diariamente, disputando pelo menos uma maratona todo ano — vinte e três, até o momento —, e participei de mais provas de longa distância ao redor do mundo do que sei dizer. Corridas de longa distância, porém, combinam com minha personalidade, e de todos os hábitos que adquiri ao longo da vida, devo dizer que esse tem sido o mais útil, o mais significativo. Correr sem intervalo por mais de duas décadas também me tornou mais forte, tanto física como emocionalmente.

A questão é que não sou muito dado a esportes de equipe. É simplesmente assim que eu sou. Sempre que jogo futebol ou beisebol — na verdade, desde que me tornei adulto isso ficou cada vez mais raro —, não me sinto à vontade. Talvez seja porque não tenho irmãos, mas jamais fui capaz de participar do tipo de jogo que envolve outros jogadores. Também não sou muito bom em esportes de um contra um, como tênis. Gosto de squash, mas em geral, quando se trata de um jogo contra alguma outra pessoa, o aspecto competitivo me deixa desconfortável. E quanto às artes marciais, também, não contem comigo.

Não me levem a mal — não sou totalmente anticompetitivo. É apenas que, por algum motivo, nunca me importei muito se derroto os outros ou se perco deles. Esse sentimento permaneceu um tanto inalterado depois que cresci. Não faz diferença o campo de atuação — derrotar alguém simplesmente não é meu barato. Interesso-me muito mais por atingir os objetivos que fixei para mim mesmo, de modo que, nesse sentido, corridas de longa distância caem como uma luva para uma disposição de espírito como a minha.

Corredores de maratona compreenderão o que quero dizer. Não nos importamos de fato se derrotamos este ou aquele corredor particular. Corredores de primeiro nível, é claro, visam superar seus rivais mais próximos, mas para o corredor mediano, do dia a dia, a rivalidade individual não é uma questão de suma importância. Tenho certeza de que existem corredores comuns cujo desejo de derrotar um rival particular os incita a treinar com mais afinco. Mas o que acontece se seu rival, seja por que motivo for, abandona a competição? Sua motivação pela corrida desaparece ou pelo menos diminui, e fica difícil para eles continuar correndo por muito mais tempo.

Os corredores mais comuns são motivados por um objetivo individual, mais do que qualquer outra coisa: a saber, um tempo que desejam bater. Assim que consegue bater esse tempo, um corredor vai sentir ter atingido o objetivo a que se propôs, e se não conseguir, sentirá que não o fez. Mesmo que não consiga fazer o tempo que esperava, contanto que tenha o sentimento de satisfação de ter feito seu melhor — e, possivelmente, ter feito alguma descoberta significativa sobre si mesmo no processo —, então isso é uma realização em si, um sentimento positivo que ele pode levar consigo para a corrida seguinte.

O mesmo pode ser dito a respeito de minha profissão. Na ocupação de romancista, até onde sei, não existe isso de vencer ou perder. Talvez o número de exemplares vendidos, prêmios recebidos e elogios da crítica sirvam como parâmetros externos para a realização literária, mas nenhum deles importa de fato. O crucial é que o que você escreve atinja os padrões que estabeleceu para si mesmo. O fracasso em atingir essa marca não é algo cuja explicação você possa fornecer facilmente. Quando se trata das outras pessoas, sempre é possível aparecer com uma justificativa razoável, mas não dá para tapear a si mesmo. Nesse sentido, escrever romances e correr maratonas inteiras são atividades muito semelhantes. Basicamente, o escritor tem uma motivação silenciosa, interior, e não busca validação em coisas que sejam visíveis externamente.

Para mim, correr é tanto um exercício como uma metáfora. Correndo dia após dia, colecionando corridas, pouco a pouco elevo meu patamar, e cumprindo cada nível aprimoro a mim mesmo. Pelo menos é nisso que deposito meu empenho dia após dia: elevar meu próprio nível. Não sou um grande corredor, de modo algum. Estou mais para um nível comum — ou, antes, mediano. Mas isso não vem ao caso. A questão é se melhorei ou não em relação ao dia anterior. Em corridas de longa distância, o único oponente que você tem de derrotar é você mesmo, o modo como você costumava ser.

Desde que fiz quarenta anos, porém, esse sistema de autoavaliação mudou gradualmente. Pondo em termos simples, não sou mais capaz de melhorar meu tempo. Creio ser inevitável, considerando minha idade. A certa altura, todo mundo atinge seu pico físico. Existem diferenças individuais, mas quase sempre o divisor de águas é o início da segunda década de vida no caso dos nadadores, o fim da segunda década para os boxeadores, e a metade da terceira década para os jogadores de beisebol. É algo pelo qual todos temos de passar. Uma vez perguntei a um oftalmologista se alguém já escapara da presbiopia ao ficar mais velho. Ele riu e disse: "Ainda não conheci ninguém". É a mesma coisa. (Felizmente, o pico para artistas varia consideravelmente. Dostoiévski, por exemplo, escreveu dois de seus romances mais importantes, *Os demônios* e *Os irmãos Karamazov*, nos últimos anos de sua vida, antes de morrer com a idade de sessenta anos. Domenico Scarlatti escreveu 555 sonatas de piano durante sua vida, a maioria delas quando tinha entre cinquenta e sete e sessenta e dois anos.)

Meu pico como corredor veio no fim de minha quarta década de vida. Antes disso, meu objetivo era perfazer uma maratona completa em três horas e meia, um ritmo de exatamente um quilômetro a cada cinco minutos, ou uma milha em oito. Às vezes, eu baixava esse tempo de três horas e meia, às vezes não (com mais frequência, não). De um modo ou de outro, era capaz de correr uniformemente uma maratona mais ou menos nessa quantidade de tempo. Mesmo quando eu achava que arruinara tudo completamente, ainda assim chegava em três horas e quarenta. Mesmo se não houvesse treinado muito ou não estivesse na melhor forma, passar de quatro horas era inconcebível. As coisas continuaram nesse patamar estável por algum tempo, mas não demorou para começarem a mudar. Eu treinava tanto quanto antes, mas achava cada vez mais difícil baixar o tempo de três horas e quarenta minutos. Estava levando cinco minutos e meio para correr cada quilômetro, e pouco a pouco eu me aproximava da marca de quatro horas para terminar a maratona. Francamente, foi uma espécie de choque. O que estava acontecendo? Não pensei que fosse por estar ficando velho. No dia a dia, nunca senti que estivesse ficando fisicamente mais fraco. Mas independentemente de quanto eu negasse ou tentasse ignorar o fato, os números pioravam, passo a passo.

Além do mais, como eu disse antes, eu me tornara mais interessado em outros esportes, como triatlo e squash. Só correr o tempo todo não podia fazer bem para mim, imaginei, decidindo que seria melhor acrescentar variedade à minha rotina e desenvolver um regime físico mais abrangente. Contratei uma treinadora de natação particular que começou comigo pelo básico, e aprendi a nadar mais rápido e facilmente do que antes. Meus músculos reagiram ao novo ambiente, e meu físico começou a mudar visivelmente. Enquanto isso, como uma maré vazante, meus tempos de maratona continuaram, de forma lenta mas inquestionável, a piorar. E descobri que já não gostava de correr tanto quanto antes. Uma fadiga permanente se abriu entre mim e a mera ideia de correr. Uma decepção com o pensamento de que todo o meu trabalho duro não valera a pena, de que havia alguma coisa obstruindo meu caminho, como uma porta que antes permanecera usualmente aberta e agora de repente era batida em minha cara. Chamei essa condição de *runner's blues*, melancolia de corredor. Entrarei em detalhes mais tarde sobre que tipo de melancolia era essa.

Faz dez anos desde a última vez em que morei em Cambridge (o que aconteceu de 1993 a 1995, no tempo em que Bill Clinton ainda era presidente). Quando avistei o rio Charles outra vez, um desejo de correr se apossou de mim. Em geral, a menos que uma grande mudança tenha ocorrido, rios sempre parecem iguais, e o rio Charles em particular parecia absolutamente idêntico. O tempo passara, alunos haviam chegado e partido, eu envelhecera dez anos e literalmente muita água passara por baixo da ponte. Mas o rio continuava o mesmo. Suas águas ainda fluíam de modo rápido e tranquilo na direção do porto de Boston. A água encharca a linha costeira, fazendo o capim de verão crescer espesso, o que ajuda a alimentar as aves aquáticas, e o rio corre languidamente, sem parar, sob as pontes antigas, refletindo nuvens no verão e balançando com banquisas no inverno — e ruma em silêncio para o oceano.

Depois que acabei de desfazer as malas, que me adequei aos rígidos padrões envolvidos numa mudança para cá e me acomodei à vida em Cambridge, acabei retomando o hábito de correr seriamente mais uma vez. Respirando o revigorante, estimulante, ar fresco da manhã, senti novamente a alegria de correr em solo familiar. O som de meus passos, minha respiração e batidas, tudo se misturava em um único ritmo polifônico. O rio Charles é um ponto sagrado para as regatas, e sempre há alguém remando nele. Gosto de disputar com os remadores. Na maior parte das vezes, é claro, os barcos são mais rápidos. Mas quando é um *skiff* simples que está na água, consigo competir com seu remador em pé de igualdade.

Talvez por abrigar a Maratona de Boston, Cambridge é cheia de corredores. A pista de *jogging* ao longo do Charles se estende infinitamente, e, se você quiser, pode correr por horas. O problema é que os ciclistas também a utilizam, de modo que é preciso ficar atento às bicicletas que se aproximam zunindo por trás. Em vários lugares, também, há buracos na pavimentação, e é preciso tomar cuidado para não tropeçar, e existem placas de sinalização com que você pode trombar, fazendo com que veja algumas estrelas em sua corrida. No mais, é uma pista excelente.

Às vezes, quando corro, escuto jazz, mas em geral é rock, já que a batida do rock é o melhor acompanhamento possível para o ritmo da corrida. Minhas preferências vão de Red Hot Chili Peppers, Gorillaz e Beck a bandas mais antigas como Creedence Clearwater Revival e os Beach Boys. Músicas com o ritmo mais simples possível. Um monte de corredores hoje em dia usa iPods, mas eu prefiro meu MD player, com o qual já estou acostumado. É um pouco maior que um iPod e não chega nem perto de armazenar a mesma quantidade de coisas, mas para mim serve bem. A essa altura da vida, não quero misturar música e computadores. Assim como não é bom misturar amigos e trabalho, e sexo.

Como mencionei, em julho corri trezentos quilômetros. Choveu dois dias nesse mês, e passei dois dias viajando. E houve alguns dias em que o tempo estava úmido e quente demais para correr. De modo que, pesados os prós e contras, correr trezentos quilômetros não foi tão mau. Nada mau. Se correr duzentos e sessenta quilômetros em um mês pode ser considerado correr seriamente, então trezentos quilômetros deve ser considerado correr *rigorosamente*. Quanto mais eu corro, mais perco peso, também. Em dois meses e meio, perdi cerca de três quilos, e a gordura incipiente que comecei a ver em torno da barriga desapareceu. Imagine-se fazendo uma visita ao açougue, comprando três quilos de carne e carregando para casa. Você pegou a ideia. Eu tinha emoções conflitantes quanto a carregar esse peso extra comigo todos os dias. Se você mora em Boston, cerveja Samuel Adams (Summer Ale) e Dunkin' Donuts são parte essencial da vida. Mas descobri para meu deleite que até mesmo essas indulgências podiam ser compensadas com o exercício constante.

Talvez pareça um pouco tolo alguém com a minha idade dizer isso abertamente, mas apenas quero ter certeza de que os fatos a seguir vão ficar bem claros: sou o tipo de sujeito que gosta de estar sozinho consigo mesmo. Para dizer de um modo mais agradável, sou o tipo de pessoa que *não acha um sofrimento* ficar só. Não acho que passar uma ou duas horas correndo sozinho todos os dias, sem falar com ninguém, além de passar quatro ou cinco horas sozinho em minha mesa, seja difícil nem chato. Tenho essa tendência desde que era mais novo, quando, caso tivesse escolha, preferia ficar sozinho lendo um livro ou concentrado ouvindo música a estar na companhia de alguém. Sempre fui capaz de pensar em coisas para fazer quando estou sozinho.

Mesmo assim, depois de ter me casado muito jovem (eu estava com vinte e dois), gradualmente me acostumei a viver com outra pessoa. Depois que saí da faculdade fui dono de um bar, então aprendi a importância de estar com outros e a questão óbvia de que não podemos sobreviver sem a companhia alheia. Pouco a pouco, então, embora talvez interpretando a coisa a meu próprio modo particular, por meio da experiência pessoal descobri como ser sociável. Olhando em retrospecto para essa época, hoje, consigo ver que dos vinte aos trinta minha visão de mundo mudou, e amadureci. Ao meter o nariz em todos os tipos de lugar, conquistei as habilidades práticas de que precisava para viver. Sem esses dez duros anos não acho que eu teria escrito romances e, mesmo que tentasse, não teria sido capaz de fazê-lo. Não que a personalidade das pessoas mude assim tão dramaticamente. O desejo que há em mim de permanecer sozinho não mudou. Eis por que a hora e pouco que passo correndo, preservando um tempo só meu, em silêncio, é importante para me ajudar a manter o bem-estar mental. Quando estou correndo, não preciso conversar com ninguém e não tenho de escutar ninguém falando. Tudo que tenho a fazer é olhar a paisagem que passa por mim. Essa é uma parte de meu dia sem a qual não consigo viver.

Muitas vezes me perguntam no que penso quando corro. Em geral, as pessoas que perguntam isso nunca correram longas distâncias. Sempre reflito sobre a pergunta. O que exatamente *penso* quando estou correndo? Não faço a menor ideia.

Em dias frios, acho que penso um pouco sobre o quanto está frio. E nos dias quentes, em como faz calor. Quando estou triste penso um pouco sobre a tristeza. Quando estou feliz, penso um pouco sobre a felicidade. Como já mencionei, lembranças aleatórias me vêm à cabeça, também. E ocasionalmente, muito difícil, sério, tenho uma ideia para usar em um romance. Mas na verdade quando corro não penso em quase *nada* que seja digno de mencionar.

Apenas corro. Corro num vácuo. Ou talvez eu deva me colocar de outra forma: corro a fim de *conquistar* um vácuo. Mas, como seria de se esperar, um pensamento ocasional vai invadir esse vácuo. A cabeça de uma pessoa não consegue se manter um vazio completo. As emoções humanas não são fortes ou consistentes o bastante para sustentar um vácuo. O que quero dizer é que o tipo de pensamentos e ideias que invadem minhas emoções quando corro permanece subordinado a esse vácuo. Na falta de conteúdo, eles não passam de pensamentos aleatórios que giram em torno desse vácuo central.

Os pensamentos que me ocorrem quando estou correndo são como nuvens no céu. Nuvens de todos os tamanhos diferentes. Elas vêm e vão, enquanto o céu continua o mesmo céu de sempre. As nuvens são meras convidadas que passam e vão embora, deixando o céu para trás. O céu existe ao mesmo tempo em que não existe. Possui substância e ao mesmo tempo não. E nós meramente acolhemos essa vasta expansão e nos deixamos embriagar.

Estou no fim da casa dos cinquenta, agora. Quando era novo, nunca imaginei que o século XXI chegaria de fato e que, piadas à parte, eu faria cinquenta anos. Na teoria, é claro, é uma verdade óbvia que algum dia, se nada acontecesse, o século XXI chegaria e eu faria cinco décadas de vida. Quando eu era jovem, pedir que me imaginasse com cinquenta anos era tão difícil quanto me pedir para imaginar, concretamente, como era o mundo após a morte. Mick Jagger uma vez alardeou que "Prefiro morrer a continuar cantando 'Satisfaction' quando estiver com quarenta e cinco anos". Mas agora ele tem mais de sessenta e continua cantando "Satisfaction". Algumas pessoas acham isso engraçado, talvez, mas não eu. Quando era novo, Mick Jagger não conseguia se imaginar com quarenta e cinco anos. Quando eu era novo, era igual. Como posso rir de Mick Jagger? De jeito nenhum. Aconteceu apenas de eu não ter sido um cantor de rock, na juventude. Ninguém se lembra das coisas estúpidas que eu provavelmente disse na época, de modo que nunca vão poder citá-las, jogando de volta na minha cara. É a única diferença.

E agora eis-me aqui vivendo nesse mundo inimaginável. Parece mesmo muito estranho, e não sei dizer se sou afortunado ou não. Talvez não faça diferença. Para mim — e para todo mundo, provavelmente — essa é minha primeira experiência com envelhecimento, e as emoções que estou sentindo, também, são sensações em primeira mão. Se fosse alguma coisa que eu houvesse experimentado antes, então talvez fosse capaz de compreender mais claramente, mas essa é a primeira vez, então não posso. Por ora tudo que está a meu alcance é postergar quaisquer juízos minuciosos e aceitar as coisas como elas são. Assim como aceito o céu, as nuvens e o rio. E há também qualquer coisa de cômico em relação a isso, algo que a pessoa não quer descartar completamente.

Como já mencionei antes, competir contra outras pessoas, seja na vida diária, seja em meu campo de trabalho, simplesmente não é o estilo de vida que busco. Perdoem-me por afirmar o óbvio, mas o mundo é feito de todos os tipos de pessoa. Outros têm seus próprios valores pelos quais se pautar, e o mesmo é verdadeiro para mim. Essas diferenças dão origem a discórdias, e a combinação dessas discórdias pode dar origem a desentendimentos ainda maiores. Como resultado, às vezes as pessoas são criticadas injustamente. Isso é algo que não precisa nem ser dito. Não é nada agradável ser malcompreendido ou criticado; na verdade, é uma experiência dolorosa que magoa profundamente.

À medida que envelheço, contudo, pouco a pouco vou percebendo que esse tipo de sofrimento e mágoa é uma parte necessária da vida. Se você pensa a respeito, é precisamente por serem diferentes umas das outras que as pessoas são capazes de criar seus próprios eus independentes. Tomem a mim como exemplo. É precisamente minha capacidade de detectar determinados aspectos de uma cena que outras pessoas não conseguem, de sentir de forma diferente dos outros e de escolher palavras que são diferentes das deles que me permite escrever histórias que sejam minhas e de mais ninguém. E por causa disso temos a extraordinária situação em que não poucas pessoas leem o que escrevi. Então o fato de que eu sou *eu* e nenhum outro é um dos meus maiores recursos. A mágoa emocional é o preço que a pessoa deve pagar a fim de ser independente.

É nisso que basicamente acredito, e vivi minha vida segundo esse princípio. Em determinadas áreas, busquei ativamente a solidão. Sobretudo para alguém em minha linha de trabalho, a solidão é, mais ou menos, uma circunstância inevitável. Às vezes, porém, esse senso de isolamento, como ácido espirrando de uma garrafa, pode inconscientemente corroer o coração da pessoa e dissolvê-lo. Podemos ver isso, ainda, como uma faca de dois gumes. Isso me protege, mas ao mesmo tempo me dilacera por dentro. Acho que a meu próprio modo tenho consciência desse perigo — provavelmente, por intermédio da experiência —, e é por isso que tão constantemente mantenho meu corpo em movimento, em alguns casos forçando-me até o limite, a fim de curar a solidão interior que sinto e colocá-la em perspectiva. Não é tanto um ato intencional, mas, antes, uma reação instintiva.

Deixe-me ser mais específico.

Quando sou injustamente criticado (de meu ponto de vista, pelo menos), ou quando alguém que tenho certeza de que é capaz de me compreender não o faz, corro mais do que o usual. Ao correr mais, é como se eu pudesse exaurir fisicamente essa parcela de meu descontentamento. Isso também me faz perceber mais uma vez quanto sou fraco, quão limitadas são minhas capacidades. Eu tomo consciência, fisicamente, desses aspectos de inferioridade. E um dos resultados de correr um pouco mais além do que normalmente corro é me tornar um pouco mais forte. Se estou com raiva, dirijo essa raiva para mim mesmo. Se passo por uma experiência frustrante, eu a uso para me aperfeiçoar. Esse é o modo como sempre vivi. Absorvo silenciosamente as coisas que sou capaz, liberando-as mais tarde, e o mais transformadas possível, como parte do fio narrativo em um romance.

Acho que a maioria das pessoas não aprovaria minha personalidade. Talvez existam alguns poucos — *muito* poucos, imagino — que se impressionem com ela, mas só muito raramente alguém a aprecia. Quem poderia mostrar sentimentos amistosos, ou qualquer coisa nesse nível, em relação a uma pessoa que não se compromete; que, em vez disso, sempre que um problema surge, se tranca sozinha num armário? Mas será possível a um escritor profissional conquistar o apreço das pessoas? Não faço ideia. Talvez em algum lugar do mundo seja. É difícil generalizar. Eu, pelo menos, que escrevi romances durante vários anos, consigo apenas imaginar alguém que goste de mim em um nível pessoal. Ser objeto da desafeição de alguém, ser odiado e desprezado, não sei por que me parece mais natural. Não que eu fique aliviado quando isso acontece. Assim como também não me sinto feliz por não gostarem de mim.

Mas essa é outra história. Vamos voltar às corridas. Retomei outra vez meu velho estilo de vida de corredor. Comecei a correr seriamente e agora estou correndo rigorosamente. O que isso pode significar para mim, agora que estou em vias de me tornar um sexagenário, ainda não sei dizer. Mas acho que *alguma coisa* vai significar. Talvez nada profundo, mas deve haver alguma significação. Seja como for, agora estou correndo para valer. Vou deixar para pensar depois no que pode significar tudo isso. (Postergar o ato de pensar a respeito de alguma coisa é uma de minhas especialidades, uma habilidade que aprendi a cultivar com o passar dos anos.) Dou uma limpada nos tênis de corrida, passo um pouco de protetor solar no rosto e no pescoço, acerto o relógio e ponho o pé na estrada. Com os ventos alísios soprando em minha cara, uma garça branca voando acima de mim, suas patas devidamente alinhadas conforme cruza o céu, escuto uma de minhas antigas bandas prediletas, Lovin' Spoonful.

Quando corria, um pensamento me veio à cabeça: mesmo que meu tempo na corrida não melhore, não há muito que eu possa fazer a respeito. Fiquei mais velho, e o tempo cobra seu tributo. Não é culpa de ninguém. Essas são as regras do jogo. Assim como um rio corre para o mar, ficar velho e diminuir o ritmo fazem parte do cenário natural, e tenho de aceitar o fato. Talvez não seja um processo dos mais divertidos, e o que descubro como resultado talvez não seja lá muito agradável. Mas que escolha tenho, afinal? A meu próprio modo, apreciei minha vida até aqui, mesmo que não possa dizer que a apreciei *plenamente*.

Não estou tentando me vangloriar nem nada disso — quem cargas-d'água iria se vangloriar de uma coisa dessas? —, mas não sou uma pessoa das mais brilhantes. Sou o tipo de sujeito que precisa vivenciar algo fisicamente, tocar de fato em algo, para adquirir uma percepção clara da coisa. Seja lá o que for, a menos que eu veja com meus próprios olhos, não vou ficar convencido. Sou uma pessoa do tipo físico, não intelectual. Claro que sou dotado de inteligência, em certa medida — ao menos acho que sou. Se não tivesse nenhuma, não poderia escrever romances. Mas não sou desses que funcionam puramente na base da teoria ou da lógica, tampouco alguém cuja fonte de energia deriva da especulação intelectual. Somente quando recebo efetivamente um fardo físico e meus músculos começam a gemer (e às vezes gritar) é que a agulha do meu compreensiômetro dá um pulo e sou enfim capaz de captar alguma coisa. Desnecessário dizer, leva um bocado de tempo, mais esforço, atravessar cada estágio, passo a passo, e chegar a uma conclusão. Às vezes, leva mais tempo do que deveria, e na altura em que me convenço, já é tarde demais. Mas o que se pode fazer? É o tipo de pessoa que sou.

Quando corro digo a mim mesmo para pensar em um rio. E nuvens. Mas em essência não estou pensando em uma coisa. Tudo que faço é continuar correndo em meu próprio vácuo aconchegante, caseiro, meu silêncio nostálgico. E isso é uma coisa maravilhosa. Digam as pessoas o que disserem.

Dois

14 DE AGOSTO DE 2005 — KAUAI, HAVAÍ

Dicas para se tornar um romancista corredor

É dia 14 de agosto, um domingo. Hoje de manhã corri uma hora e quinze minutos, escutando Carla Thomas e Otis Redding em meu MD player. À tarde nadei 1300 metros na piscina e ao anoitecer nadei na praia. E depois disso vim jantar — cerveja e peixe — no restaurante Hanalea Dolphin, nos arredores da vila de Hanalea. O prato que estou comendo se chama walu, um tipo de peixe branco. Foi preparado para mim no carvão, e eu o tempero com molho de soja. O acompanhamento é espetinho de legumes, além de uma grande salada.

Até o momento, em agosto, completei cento e cinquenta quilômetros.

Já faz muito tempo que comecei a correr diariamente. Para ser mais específico, foi no outono de 1982. Eu estava com trinta e três anos.

Não muito antes disso, eu cuidava de uma espécie de clube de jazz perto da estação Sendagaya. Pouco depois da faculdade — na verdade, eu andava tão ocupado com empregos secundários que ainda me faltavam alguns créditos para me formar e, oficialmente, continuava sendo um estudante —, abri um pequeno clube na entrada sul da estação Kokubunji e o mantive por cerca de três anos; quando começaram a reconstruir o prédio em que eu estava, mudei para uma nova localização, mais próxima ao centro de Tóquio. Esse novo lugar não era muito grande, nem muito pequeno, tampouco. Tínhamos um piano de cauda e espaço suficiente apenas para espremer um quinteto. Durante o dia servíamos café, e à noite funcionava um bar. Servíamos uma comida bem decente, também, e nos fins de semana havia apresentações ao vivo. Esse tipo de clube de jazz com música ao vivo ainda era uma coisa bastante rara na época, de modo que conquistamos uma clientela fixa e o lugar andava bem, financeiramente.

A maioria das pessoas que eu conhecia havia previsto que o bar não iria para a frente. Imaginavam que um estabelecimento tocado como uma espécie de hobby não funcionaria, que alguém como eu, bastante ingênuo e muito provavelmente sem a menor aptidão para gerenciar um negócio, não seria capaz de fazer com que desse lucro. Bem, suas previsões falharam completamente. Para dizer a verdade, eu também não me achava com grande aptidão para o negócio. Apenas percebi, porém, que como o fracasso estava fora de cogitação, tinha de dar tudo de mim. Minha única força sempre foi o fato de que trabalho duro e sou capaz de aguentar um bocado, fisicamente. Estou mais para um cavalo de carga que um cavalo de corrida. Cresci numa casa de funcionários públicos, então não sabia grande coisa sobre a vida de empreendedor, mas felizmente a família de minha esposa era dona de um negócio, de modo que sua intuição natural foi de grande valia. Por maior que fosse a carga que este cavalo pudesse puxar, eu jamais teria conseguido chegar lá sem alguma ajuda.

O batente em si era pesado. Eu trabalhava de manhã até tarde da noite, quando ficava exausto. Passei por todo tipo de experiência dolorosa, coisas sobre as quais precisei quebrar a cabeça, e um monte de decepções. Mas trabalhei feito louco e finalmente comecei a tirar o suficiente para contratar outras pessoas a fim de me ajudar. E à medida que me aproximava dos trinta anos, finalmente fui capaz de fazer uma pausa para respirar. Para abrir o bar eu tomara emprestado todo o dinheiro que pude em todos os lugares dispostos a me emprestar dinheiro, e já havia devolvido praticamente tudo. As coisas começavam a assentar. Até então, tudo se resumira à mera sobrevivência, a manter a cabeça acima da linha d'água, e não me sobrava espaço para pensar em mais nada. Eu sentia ter atingido o alto de uma escada íngreme e dado em um espaço razoavelmente aberto, e tinha confiança de que, como chegara até lá são e salvo, seria capaz de lidar com quaisquer futuros problemas que pudessem surgir, e sobreviver. Tomei fôlego, olhei vagarosamente em torno, relanceei os degraus que havia superado até então e comecei a contemplar o estágio seguinte. Os trinta anos estavam logo ali. Eu ia chegar a uma idade em que não podia mais ser considerado jovem. E, meio que do nada, tive a ideia de escrever um romance.

Posso apontar o exato momento em que me ocorreu pela primeira vez que eu seria capaz de escrever um romance. Isso foi por volta de uma e meia da tarde de 1º de abril de 1978. Eu estava no estádio de Jingu nesse dia, sozinho no campo, tomando cerveja e assistindo ao jogo. O estádio de Jingu ficava a uma caminhada de distância do meu apartamento na época, e eu era um torcedor razoavelmente fiel dos Yakult Swallows. Fazia um dia perfeito de primavera, sem uma nuvem no céu, com uma brisa cálida soprando. Na época, não havia arquibancadas para sentar, somente um barranco verdejante. Eu estava sentado na grama, bebericando uma cerveja gelada, ocasionalmente olhando para o céu e apreciando preguiçosamente o jogo. Como sempre acontecia com os Swallows, o estádio não estava muito cheio. Era a temporada de abertura e o time recebia o Hiroshima Carp. Lembro que Yasuda arremessava para os Swallows. Era um arremessador atarracado, forte, dono de uma bola curva maligna. Ele eliminou facilmente os rebatedores adversários no início do primeiro *inning* e, no fim do *inning*, o primeiro rebatedor dos Swallows era Dave Hilton, um jovem jogador americano recém-chegado ao time. Hilton rebateu a bola pela linha esquerda do diamante. O craque do bastão acertando a bola na veia ecoou por todo o estádio. Hilton facilmente chegou à primeira base e depois à segunda. E foi nesse exato momento que um pensamento me ocorreu: *Sabe de uma coisa? Eu podia tentar escrever um romance.* Consigo me lembrar até hoje do céu aberto, da sensação da grama fresca, do som prazeroso do bastão indo de encontro à bola. Alguma coisa caiu do céu naquele instante e, seja lá o que tenha sido, eu a peguei.

Nunca tive a pretensão de me tornar um romancista. Apenas senti esse desejo premente de escrever um romance. Nenhuma imagem concreta a respeito do que eu queria escrever, simplesmente a convicção de que se eu escrevesse naquele momento eu poderia produzir alguma coisa que achasse convincente. Quando pensei em sentar em minha escrivaninha em casa e começar a escrever, me dei conta de que nem sequer possuía uma caneta-tinteiro decente. Então fui à loja Kinokuniya em Shinjuku e comprei um maço de papel e uma caneta-tinteiro Sailor de cinco dólares. Um pequeno investimento financeiro de minha parte.

Essa era a primavera de 1978, e no outono eu terminara meu manuscrito de duzentas páginas em um papel japonês próprio. Assim que terminei, me senti ótimo. Não tinha ideia do que fazer com o romance no momento em que o finalizei, mas meio que me deixei levar pelo impulso inicial e encaminhei o livro para um concurso de escritores inéditos de uma revista literária. Enviei o manuscrito sem tirar uma cópia, de modo que aparentemente não dei grande importância caso ele não fosse selecionado e sumisse para sempre. Esse foi o livro publicado sob o título de *Ouça o vento cantar.* Eu estava mais interessado em chegar ao fim do trabalho do que em saber se iria ou não um dia ser publicado.

Nesse outono o eterno perdedor Yakult Swallows venceu a liga e depois derrotou o Hankyu Braves no campeonato nacional japonês. Fiquei realmente empolgado e fui a vários jogos no estádio Korakuen. (Ninguém nunca imaginou que o Yakult ganharia, então já haviam reservado o estádio local, o Jingu, para jogos de beisebol universitários.) De modo que me lembro dessa época com muita clareza. Foi um outono particularmente deslumbrante, com um sol maravilhoso. O céu estava perfeitamente claro e, aos meus olhos, as árvores ginkgo diante da Galeria Memorial Meiji nunca haviam se mostrado mais douradas. Esse foi meu último outono antes de chegar aos trinta.

Na primavera seguinte, quando recebi um telefonema de um editor na *Gunzo* contando-me que meu romance entrara para a *short list*, eu havia esquecido completamente minha participação no concurso. Andara muito ocupado com outras coisas. No início, não fazia ideia do que ele estava falando. Mas o romance ganhou o prêmio e foi publicado no verão. O livro foi razoavelmente bem-recebido. Eu estava com trinta anos e, sem entender de fato o que se passava, de repente me vi rotulado como um novo e promissor escritor. Fiquei um bocado surpreso, mas as pessoas que me conheciam estavam ainda mais surpresas.

Depois disso, enquanto continuava a tocar meu negócio, escrevi um segundo romance de tamanho mediano, *Pinball, 1973*, e, enquanto trabalhava nele, terminei alguns contos e traduzi alguma ficção de F. Scott Fitzgerald. Tanto *Ouça o vento cantar* como *Pinball, 1973* foram indicados para o prestigioso Prêmio Akutagawa, ao qual, segundo diziam, eram fortes concorrentes, mas no fim nenhum dos dois ganhou. Mas, para dizer a verdade, não me importei nem um pouco. Se eu tivesse ganhado teria me atolado em entrevistas e sessões de autógrafos e tive medo de que isso pudesse interferir no trabalho no clube.

Todos os dias por três anos cuidei de meu clube de jazz — fazendo contas, checando listas de provisões, escalonando pessoal, atendendo eu mesmo atrás do balcão, na preparação de coquetéis e cozinhando, fechando as portas a altas horas da madrugada — e só depois escrevendo em casa, na mesa da cozinha, até pegar no sono. Eu sentia como se estivesse vivendo a vida por duas pessoas. Fisicamente, todo dia era duro, e escrever romances e tocar um negócio ao mesmo tempo me trouxeram todo tipo de problemas. O comércio de serviços significa que você tem de aceitar qualquer um que passar pela porta. Você é obrigado a cumprimentar todo mundo com um sorriso estampado no rosto, a menos que seja alguém realmente pavoroso. Graças a isso, porém, conheci todo tipo de gente e travei algumas amizades com pessoas pouco convencionais. Antes de começar a escrever devidamente, entusiasticamente, até, absorvi uma variedade de experiências. Na maior parte, creio que as apreciei, bem como todo o estímulo que me trouxeram.

Pouco a pouco, porém, me vi desejando escrever um tipo mais substancial de romance. Com os dois primeiros, basicamente desfrutei do processo de escrever, mas havia partes que não me agradavam. Tanto em um como em outro só fui capaz de escrever em jorros, roubando uns bocados de tempo aqui e ali — meia hora aqui, uma hora ali —, e, como estava sempre cansado e me sentia correndo contra o relógio enquanto escrevia, em nenhum momento pude me concentrar. Com esse tipo de abordagem intermitente fui capaz de escrever algumas coisas frescas e interessantes, mas o resultado estava longe de ser um romance complexo ou profundo. Eu sentia ter recebido uma oportunidade maravilhosa de me tornar um romancista — coisa que não acontece todos os dias —, e surgiu um desejo natural de levar isso o mais longe que pudesse e produzir o tipo de romance com o qual me sentiria realizado. Eu sabia que era capaz de escrever algo numa escala maior. E, depois de dedicar ao assunto muita reflexão, decidi fechar o negócio por algum tempo e me concentrar somente em escrever. Nesse ponto, minha renda com o clube de jazz era maior do que minha renda como romancista, uma realidade à qual eu tinha de me resignar.

A maioria das pessoas que eu conhecia foi completamente contra minha decisão, ou então lançou dúvidas a respeito. "Seu negócio está indo bem agora", diziam. "Por que não deixa simplesmente que alguém cuide dele por algum tempo enquanto você vai e escreve seus romances?" Do ponto de vista do mundo isso faz perfeito sentido. E a maioria das pessoas provavelmente achava que eu não conseguiria me firmar como escritor profissional. Mas eu não era capaz de seguir seus conselhos. Sou o tipo de pessoa que precisa se comprometer totalmente com seja lá o que fizer. Eu simplesmente não podia me ocupar de uma atividade criativa como escrever um romance enquanto algum outro cuidava do clube de jazz. Eu tinha de dar o máximo de mim. Se fracassasse, conseguiria aceitar. Mas eu sabia que se fizesse as coisas com empenho apenas parcial e elas não se concretizassem, sentiria remorso para sempre.

Apesar das objeções de todo mundo, vendi meu negócio e, embora um pouco constrangido com isso, pendurei a plaquinha de romancista na porta e me dispus a viver da escrita. "Só quero ter uns dois anos livres para escrever", expliquei para minha esposa. "Se não funcionar, sempre podemos abrir um pequeno bar em algum outro lugar. Ainda sou novo e sempre podemos recomeçar as coisas." "Tudo bem", ela disse. Isso foi em 1981 e nós ainda devíamos uma soma considerável, mas projetei dar meu melhor e ver o que acontecia.

Parei para escrever meu romance e no outono viajei a Hokkaido por uma semana para fazer pesquisa. Em abril seguinte completei *Caçando carneiros*. Imaginei que seria fazer ou morrer, então dei tudo de mim. Esse romance era muito mais longo que os dois precedentes, de escopo maior, e muito mais centrado em uma história.

Quando encerrei o livro, fiquei com a forte sensação de ter criado meu próprio estilo de escrita. Todo o meu corpo vibrava com o pensamento de quão maravilhoso — e difícil — é ser capaz de sentar à minha escrivaninha, sem me preocupar com o tempo, e me concentrar em escrever. Existiam veios ainda adormecidos dentro de mim, senti, e agora eu podia de fato me imaginar ganhando a vida como romancista. De modo que, no fim das contas, a ideia estratégica de abrir um novo bar nunca se concretizou. Às vezes, porém, mesmo hoje, penso como seria agradável ter um barzinho para cuidar em algum lugar.

Os editores da *Gunzo*, que estavam à procura de alguma coisa mais comercial, não gostaram nem um pouco de *Caçando carneiros*, e me lembro da falta de entusiasmo com que o livro foi recebido. Me parece que, na época (que dizer então de agora, eu me pergunto), meu conceito de romance era um tanto inortodoxo. Os leitores, porém, pareceram adorar o novo livro, e esse fato me deixou mais feliz do que tudo. Ali foi meu genuíno ponto de partida como romancista. Acho que se tivesse continuado a escrever o tipo de romances instintivos que terminara quando gerenciava meu bar — tanto *Ouça o vento cantar* como *Pinball, 1973* —, em pouco tempo terminaria em um beco sem saída.

Mas surgiu um problema com minha decisão de me tornar um escritor profissional: a questão de como me manter fisicamente em forma. Tenho tendência a ganhar peso se não faço nada. Cuidar do bar exigia trabalhar duro todos os dias e, desse modo, pude me manter sem engordar; mas, assim que me sentei diante da mesa escrevendo todos os dias, meu nível de energia gradualmente declinou e comecei a ganhar uns quilinhos. Eu fumava demais, também, concentrando-me no trabalho. Na época, fumava sessenta cigarros por dia. Meus dedos estavam todos amarelos e meu corpo inteiro fedia a fumaça. *Isso não pode estar me fazendo nada bem*, decidi. Se eu queria ter uma vida longa como romancista, precisava encontrar um modo de manter um peso saudável.

Correr tem muitas vantagens. Em primeiro lugar, você não precisa de ninguém mais para fazer isso, e não precisa de nenhum equipamento especial. Não precisa ir a nenhum lugar especial para fazê-lo. Contanto que disponha de um par de tênis de corrida e uma boa pista ou rua, pode continuar correndo enquanto sentir vontade. Jogar tênis é completamente diferente. Você precisa se deslocar até uma quadra, e precisa de alguém para jogar com você. Nadar é algo que dá para fazer sozinho, mas mesmo assim é necessário ir até uma piscina.

Depois que fechei meu bar, achei que mudaria meu estilo de vida completamente, então nos mudamos para Narashino, na Prefeitura de Chiba. Nessa época, o lugar era bastante rural, e não havia instalações esportivas decentes nas proximidades. Mas havia estradas. Havia uma base das Forças de Autodefesa Japonesas ali perto, de modo que as estradas eram mantidas em boas condições para seus veículos. E felizmente havia também um campo de treinamento nos arredores da Universidade Nihon, e, se eu fosse cedo pela manhã, poderia usar livremente — ou talvez eu deva dizer tomar emprestado sem permissão — a pista de lá. Desse modo, não precisei pensar muito a respeito de que esporte escolher — não que eu tivesse grande escolha — quando decidi começar a correr.

Não demorou muito para que eu também parasse de fumar. Largar o cigarro foi uma espécie de resultado natural de correr todo dia. Não foi fácil largar, mas não dava para continuar fumando e correndo ao mesmo tempo. O desejo natural de *correr cada vez mais* se tornou uma poderosa motivação para me impedir de voltar a fumar, e uma grande ajuda em superar os sintomas da abstinência. Deixar o cigarro foi um tipo de gesto simbólico de despedida da vida que eu costumava levar.

Nunca achei ruim a corrida de longa distância. Quando estava na escola, não dava muita bola para as aulas de educação física, e sempre odiei o Dia do Esporte. Isso acontecia porque as coisas me eram impostas. Nunca suportei que me forçassem a fazer alguma coisa que eu não queria fazer, em um momento em que não queria fazer. Sempre que eu era capaz de fazer algo de que gostava, porém, *quando* eu queria fazê-lo, e do *modo* como queria, eu dava tudo de mim. Como não era dos mais atléticos ou coordenados, nunca me destaquei nos tipos de esporte em que as coisas são decididas numa fração de segundo. Corrida e nado de longa distância combinam mais com minha personalidade. Sempre fui meio que consciente disso, o que talvez explique como consegui incorporar a corrida em minha vida diária sem maiores traumas.

Se me for permitido fazer um breve desvio do assunto, acho que posso dizer o mesmo a respeito de mim e dos estudos. Desde a pré-escola até a faculdade, nunca me interessei por coisas que era forçado a estudar. Eu dizia a mim mesmo que era algo que devia ser feito, de modo que não me mostrava um relaxado completo e conseguia ir adiante na faculdade, mas em nenhum momento achava que estudar era empolgante. Como resultado, embora minhas notas não fossem do tipo que a gente precise esconder das pessoas, não me lembro de em momento algum ter recebido elogios por uma nota boa ou por ser o melhor em qualquer coisa. Somente comecei a apreciar o estudo *depois* que passei pelo sistema educacional e me tornei um assim chamado membro da sociedade. Se alguma coisa me interessava, e eu podia estudá-la com meu próprio ritmo e abordá-la do modo que melhor me aprouvesse, eu era bastante eficiente em adquirir conhecimento e habilidades. A arte da tradução é um bom exemplo. Aprendi por conta própria, pelo método prático. Leva um bocado de tempo para adquirir uma habilidade dessa forma, e você precisa passar por uma série de tentativas e erros, mas o que aprende não sai mais da sua cabeça.

A melhor coisa quanto a me tornar um escritor profissional era que eu podia ir para a cama cedo e me levantar cedo. Quando cuidava do bar, muitas vezes não podia dormir até quase amanhecer. O bar fechava à meia-noite, mas então eu tinha de fazer limpeza, verificar os recibos, sentar e conversar, tomar uma bebida para relaxar. Depois de tudo isso, sem que você se dê conta, já são três da manhã e o nascer do sol está logo ali. Muitas vezes eu sentava diante de minha mesa, escrevendo, quando a luz começava a surgir do lado de fora. Naturalmente, quando eu enfim acordava, o sol já estava bem alto no céu.

Depois que fechei o bar e iniciei minha vida de romancista, a primeira coisa que nós — e por *nós* quero dizer minha esposa e eu — fizemos foi mudar completamente nosso estilo de vida. Decidimos que era melhor ir para a cama pouco depois de escurecer e acordar com o raiar do dia. Na nossa concepção, isso era natural, o tipo de vida respeitável que as pessoas viviam. Havíamos fechado o clube, de modo que decidimos também que a partir dali só nos encontraríamos com as pessoas que queríamos ver e, na medida do possível, passaríamos sem os demais. Sentíamos que, por algum tempo, pelo menos, podíamos nos permitir essa modesta indulgência.

Foi uma mudança de rumo crucial — do tipo de vida aberta que durara sete anos para uma vida mais fechada. Creio que levar esse tipo de existência aberta por um período foi uma boa coisa. Aprendi um monte de lições importantes durante esse tempo. Foi minha verdadeira escola. Mas não dá para manter esse estilo de vida para sempre. Assim como na escola, você entra, aprende alguma coisa e então chega a hora de sair.

Então minha vida nova, simples e regular começou. Eu acordava antes das cinco e ia para a cama antes das dez. As pessoas rendem mais em horários diferentes do dia, mas eu definitivamente sou do tipo matinal. É nessa hora que consigo me concentrar e terminar algum trabalho importante que tenho para fazer. Depois disso, me dedico a tarefas que não exigem grande concentração. Ao fim do dia eu relaxo e não trabalho mais. Leio, escuto música, fico tranquilo e tento ir cedo para a cama. Graças a isso, fui capaz de escrever com eficiência nos últimos vinte e quatro anos. É um estilo de vida, contudo, que não permite muita vida noturna, e às vezes seu relacionamento com as outras pessoas se torna problemático. Tem gente que até mesmo se enfurece com você porque o convida para ir a algum lugar ou fazer alguma coisa e você vive recusando.

Costumo pensar no modo como, exceto quando é jovem, você precisa realmente estabelecer prioridades na vida, imaginando em que ordem deve dividir seu tempo e sua energia. Se não consegue estabelecer esse tipo de sistema em uma certa idade, vai perder o foco e sua vida fica em desequilíbrio. Estabeleci como prioridade número um levar o tipo de vida que permite que eu me concentre na escrita, sem ter de socializar com todas as pessoas que estão em torno de mim. Eu sentia que o relacionamento indispensável que devia construir em minha vida não era com uma pessoa específica, mas com um número inespecífico de leitores. Na medida em que pudesse estabelecer uma vida diária de modo que cada obra fosse um aperfeiçoamento em relação à anterior, então muitos de meus leitores receberiam de bom grado fosse lá que vida eu escolhera para mim mesmo. Acaso não será esse meu dever como romancista, e minha prioridade máxima? Minha opinião não mudou com o passar dos anos. Não posso ver o rosto de meus leitores, então em certo sentido esse relacionamento humano é de um tipo conceitual, mas tenho persistido em considerar esse relacionamento conceitual, invisível, como a coisa mais importante em minha vida.

Em outras palavras, é impossível agradar todo mundo.

Mesmo quando cuidava de meu bar eu seguia a mesma política. Um monte de fregueses frequentava o lugar. Se um em cada dez gostava de lá e dizia que voltaria, isso era o suficiente. Se um em cada dez se tornava um freguês regular, então o negócio sobreviveria. Em outras palavras, não importava se nove em cada dez pessoas não gostavam do meu bar. Perceber isso tirou um peso de meus ombros. Mesmo assim, eu tinha de me certificar de que a única pessoa que havia gostado *realmente* havia gostado. E, para fazer com que continuasse gostando de fato, eu tinha de tornar minha filosofia e postura bem nítidas, e pacientemente seguir nessa postura, independentemente do que acontecesse. Isso foi o que aprendi tocando um negócio.

Depois de *Caçando carneiros*, continuei a escrever com a mesma atitude que desenvolvera como proprietário de um comércio. E a cada obra o número de meus leitores aumentava. O que me deixava mais feliz era o fato de ter um monte de leitores devotados, os repetidores um em dez, a maioria deles jovens. Eles aguardavam pacientemente pelo meu livro seguinte e o compravam e liam assim que chegava às livrarias. Esse tipo de padrão gradualmente tomando forma foi, para mim, uma situação ideal, ou pelo menos muito confortável. Não há necessidade alguma de ser um corredor top de linha na literatura. Eu seguia escrevendo o tipo de coisa que queria escrever, exatamente do modo como queria escrever, e se isso me permitia viver uma vida normal, não podia pedir mais nada. Quando *Norwegian Wood* vendeu mais que o esperado, a posição confortável em que eu me encontrava foi forçada a mudar um pouquinho, mas isso aconteceu um pouco mais tarde.

*

Quando comecei a correr, eu era incapaz de fazer longas distâncias. Tudo que eu conseguia era correr por cerca de vinte ou trinta minutos. Esse tanto me deixava arfando, com o coração martelando e as pernas tremendo. Mas era de se esperar, uma vez que não me exercitava de fato havia um longo tempo. No começo, também me sentia um pouco constrangido de que as pessoas da vizinhança me vissem correndo — a mesma sensação que tive ao ver pela primeira vez o título *romancista* colocado entre parênteses depois de meu nome. Mas conforme continuei a correr, meu corpo passou a aceitar o fato de que eu estava correndo, e pude gradualmente aumentar a distância. Eu começava a adquirir a forma física de um corredor, minha respiração se tornava mais regular, e meus batimentos ficaram mais espaçados. A questão principal era menos a velocidade ou a distância do que correr todos os dias, sem um dia de descanso.

Assim, do mesmo modo que minhas três refeições diárias — junto com meu sono, o trabalho doméstico e a escrita —, correr foi incorporado à minha rotina cotidiana. À medida que se tornava um hábito natural, fui me sentindo cada vez menos constrangido a respeito. Entrei em uma loja de esportes e comprei material de corrida, além de tênis decentes que se prestassem adequadamente ao meu propósito. Comprei um relógio com cronômetro, também, e li um livro de corridas para iniciantes. É assim que você se torna um corredor.

Vendo em retrospecto hoje, acho que a coisa mais afortunada de todas foi que nasci com um corpo forte e saudável. Isso tornou possível para mim correr a uma frequência diária por quase um quarto de século, competindo em diversas corridas nesse meio-tempo. Nunca houve um momento em que minhas pernas doessem tanto que eu não pudesse correr. Não costumo fazer muito alongamento antes de começar, mas nunca me machuquei, nunca me contundi, nem fiquei doente uma vez sequer. Não sou um grande corredor, mas definitivamente sou um corredor forte. Esse é um dos pouquíssimos talentos de que posso me orgulhar.

O ano de 1983 foi passando e participei pela primeira vez em minha vida de uma corrida de rua. Não era muito longa — cinco quilômetros —, mas pela primeira vez tive um número pregado em mim, me vi em meio a um grande grupo de outros corredores e escutei o grito oficial: "Às suas marcas, preparar, já!". Depois que terminou, pensei: *Ei, não foi assim tão ruim!* Em maio eu estava em uma corrida de quinze quilômetros em volta do lago Yamanaka e, em junho, querendo testar até onde era capaz de ir, dei voltas em torno do Palácio Imperial, em Tóquio. Contornei o complexo sete vezes, totalizando 36 quilômetros, a um ritmo bastante razoável, e não achei tão difícil assim. Minhas pernas não doeram nem um pouco. Talvez eu pudesse mesmo correr uma maratona, concluí. Foi somente mais tarde que descobri pelo modo mais difícil que a parte mais árdua de uma maratona começa *depois* do trigésimo sexto quilômetro.

Quando vejo fotos minhas da época, fica óbvio que ainda não tinha o físico de um corredor. Não havia corrido o suficiente, não construíra os músculos necessários, e meus braços eram finos demais, minhas pernas, muito esqueléticas. Fico perplexo ao pensar como conseguia correr uma maratona com um corpo daqueles. Quando você me compara nessas fotos com o modo como estou agora, pareço uma pessoa completamente diferente. Após anos e anos correndo, minha musculatura mudou por completo. Mas mesmo então eu podia sentir as mudanças físicas acontecendo dia após dia, o que me deixava realmente feliz. Eu sentia que, apesar de ter passado dos trinta anos, ainda restavam algumas possibilidades para mim e meu corpo. Quanto mais eu corria, mais o meu potencial físico se revelava.

Eu costumava ter propensão a ganhar alguns quilos, mas por volta dessa época meu peso se estabilizou onde deveria. Exercitando-me todo dia, eu naturalmente atingi meu peso ideal, e descobri que isso ajudava minha performance. Junto com isso, minha dieta começou também a mudar gradualmente. Passei a comer sobretudo legumes, tendo peixe como principal fonte de proteína. Nunca gostei muito de carne, de qualquer maneira, e essa aversão se tornou ainda mais pronunciada. Cortei o arroz e o álcool e comecei a usar todo tipo de ingrediente natural. Doces não foram um problema, uma vez que nunca liguei muito para isso.

Como eu disse, se não faço alguma atividade física, tendo a engordar. Minha mulher é o contrário, já que pode comer quanto quiser (ela não come açúcar em excesso, mas sempre foi incapaz de recusar um docinho), nunca se exercita e mesmo assim não engorda. Ela não tem nenhuma gordura extra. *A vida não é justa*, foi o que sempre me ocorreu. Algumas pessoas podem ralar como burros de carga e nunca atingir seus objetivos, enquanto outras os conquistam sem um mínimo esforço.

Mas quando penso a respeito, ter o tipo de corpo que ganha peso facilmente talvez seja uma bênção disfarçada. Em outras palavras, se não quero engordar tenho de dar duro todo dia, prestar atenção no que como e cortar as extravagâncias. A vida pode ser difícil, mas, contanto que você não poupe esforços, seu metabolismo melhorará enormemente com esses hábitos, e você terminará muito mais saudável, para não dizer mais forte. Em certa medida, pode até retardar os efeitos da velhice. Mas pessoas que conseguem manter o peso naturalmente, sem se preocupar com o que fazem, não precisam se exercitar ou cuidar da dieta a fim de continuar em forma. Não existe muita gente disposta a sair de sua rotina para adotar determinados hábitos enfadonhos quando não tem necessidade. Eis por que, em muitos casos, sua força física se deteriora com a idade. Se você não faz exercício, seus músculos naturalmente se enfraquecem, assim como seus ossos. Alguns de meus leitores talvez sejam o tipo de gente que ganha peso facilmente, mas o único modo de compreender o que é justo de fato é adotar uma visão das coisas a longo prazo. Pelos motivos acima expostos, acho que esse aborrecimento físico deve ser encarado com uma visão positiva, como uma bênção. Devemos nos considerar sortudos pela luz vermelha ser tão claramente visível. Claro, nem sempre é fácil enxergar as coisas sob esse prisma.

Acho que esse ponto de vista se aplica também ao trabalho do romancista. Escritores que nascem com um talento natural podem escrever romances à vontade, independentemente do que façam — ou não façam. Como água de uma nascente, as frases simplesmente brotam, e com pouco ou nenhum esforço esses escritores terminam uma obra. Ocasionalmente, você encontra gente assim, mas, infelizmente, eu não me incluo nessa categoria. Nunca vi nenhuma nascente por perto. Tenho de martelar a pedra com um cinzel e cavar um profundo buraco antes de conseguir localizar a fonte da criatividade. Para escrever um romance, tenho de exigir muito de mim, fisicamente, e despender um bocado de tempo e esforço. Toda vez que começo um romance novo, sou obrigado a escavar um novo buraco profundo. Mas como tenho mantido esse estilo de vida por muitos anos, tornei-me bastante eficiente, tanto técnica como fisicamente, em abrir um buraco na rocha dura e localizar um novo veio d'água. Assim, tão logo noto uma fonte de água secando, posso mudar imediatamente para outra. Se uma pessoa que se apoia em uma nascente natural de talento de repente descobre que exauriu sua única fonte, ela se vê encrencada.

Em outras palavras, vamos ser francos: o mundo não é justo. Mas mesmo numa situação injusta, acho que é possível buscar uma espécie de justiça. Claro, isso pode demandar tempo e esforço. E talvez aconteça de não parecer valer a pena tanto trabalho. Cabe a cada um decidir se sim ou não.

Quando conto para as pessoas que corro todos os dias, tem gente que fica muito impressionada. "Você deve ter uma tremenda força de vontade", às vezes escuto. Claro que é agradável receber um elogio assim. Muito melhor do que ser motivo de desprezo, com certeza. Mas não acredito que seja apenas força de vontade que capacite a pessoa a fazer alguma coisa. O mundo não é assim tão simples. Para dizer a verdade, eu nem acho que exista grande correlação entre o hábito de correr todo dia e essa coisa de ter ou não força de vontade. Creio que fui capaz de correr durante mais de vinte anos por um motivo simples: isso me cai bem. Ou pelo menos porque não acho assim tão doloroso. Os seres humanos naturalmente continuam a fazer as coisas de que gostam, e param de fazer as que não gostam. Vamos admitir que alguma coisa próxima da vontade desempenhe um pequeno papel nisso. Mas por mais determinada que seja a pessoa, por mais que possa odiar a ideia de perder, se não for uma atividade da qual realmente gosta, não vai continuar nela por muito tempo. Mesmo que o faça, não seria nada bom para essa pessoa.

É por esse motivo que nunca recomendei a corrida para os outros. Faço questão de nunca dizer algo como: "Correr é ótimo. Todo mundo devia tentar". Se alguém tem interesse em corrida de longa distância, deixe por sua própria conta, que um dia a pessoa começará a correr porque decidiu fazê-lo. Se não tiver interesse, todos os argumentos do mundo não irão persuadi-la. Ser maratonista não é um esporte para qualquer um, assim como escrever romances não é trabalho para qualquer um. Ninguém nunca recomendou nem desejou que eu virasse um romancista — pelo contrário, houve quem tentasse me dissuadir disso. Ocorreu-me que eu fosse um, e foi isso que fiz. Igualmente, a pessoa não corre porque alguém recomendou. As pessoas basicamente se tornam corredoras porque essa é sua propensão.

Mesmo assim, alguém pode ler este livro e dizer: "Ei, vou experimentar correr um pouco", e depois descobrir que gosta. E é claro que isso seria maravilhoso. Como autor do livro, eu ficaria muito feliz se isso acontecesse. Mas as pessoas têm seus próprios gostos e antipatias. Algumas são mais afeitas a correr em maratonas, outras, ao golfe, outras, a jogos de azar. Sempre que vejo alunos em uma aula de ginástica sendo obrigados a correr uma longa distância, sinto pena deles. Forçar pessoas que não têm o menor desejo de correr, ou que não são fisicamente aptas para tal, é um espécie de tortura sem sentido. Sempre penso em aconselhar os professores a não obrigar todos os alunos dos ensinos fundamental e médio a cumprir um mesmo percurso, mas duvido que alguém me dê ouvidos. É assim que as escolas são. A coisa mais importante que jamais aprenderemos na escola é o fato de que coisas importantes não podem ser aprendidas na escola.

Por mais que correr longas distâncias seja uma coisa que me caia bem, claro que existem dias em que me sinto meio letárgico e não quero correr. Na verdade, acontece com frequência. Em dias assim, tento pensar em todo tipo de desculpa plausível para fugir do compromisso. Uma vez, entrevistei o corredor olímpico Toshihiko Seko, logo depois que ele se aposentou das pistas e virou técnico de equipe da companhia S&B. Eu perguntei a ele: "Um corredor no seu nível alguma vez sente que não está disposto a correr tal ou tal dia, tipo, hoje não vou correr e vou ficar dormindo mais um pouco?". Ele olhou para mim e então, numa voz que deixava cristalinamente claro como achava a pergunta estúpida, respondeu: "Claro. O tempo todo!".

Agora, me lembrando disso, posso ver que pergunta mais idiota foi essa. Acho que mesmo na época eu sabia como era idiota, mas presumo que quisesse ouvir a resposta diretamente de alguém do calibre de Seko. Eu queria saber se, apesar do abismo que nos separava em termos de força, de quantidade de exercício que podemos executar e de motivação, quando amarramos os tênis de corrida cedo pela manhã nos sentimos exatamente do mesmo jeito. A resposta de Seko constituiu um grande alívio para mim. *Em última análise, somos todos iguais*, pensei.

Sempre que me sinto pouco disposto a correr, eu me pergunto a mesma coisa: *Você consegue ganhar a vida como romancista, trabalhando em casa, fazendo seu próprio horário, então não precisa encarar baldeações no metrô lotado ou participar de reuniões maçantes. Não percebe como tem sorte?* (Pode acreditar, pergunto mesmo.) *Comparado a isso, correr uma hora pela vizinhança não é nada, certo?* Sempre que vejo um metrô lotado e reuniões infindáveis, isso me devolve toda a motivação de que preciso e então calço os tênis e saio para correr sem reclamar. *Se não conseguir dar conta disso*, penso, *vai ser bem-feito pra mim.* Digo isso tendo plena consciência de que há muita gente que prefere andar em um metrô lotado e comparecer a reuniões a ter de correr uma hora todos os dias.

Em todo caso, foi assim que comecei a correr. Trinta e três anos — essa era minha idade na época. Ainda jovem o bastante, embora não mais um *homem jovem*. A idade com que Jesus Cristo morreu. A idade com que Scott Fitzgerald começou a decair. Essa idade talvez seja um tipo de encruzilhada na vida. Foi nessa idade que comecei minha vida de corredor, e foi meu tardio, embora verdadeiro, ponto de partida como romancista.

Três

I^o DE SETEMBRO DE 2005 — KAUAI, HAVAÍ

Atenas no meio do verão — Correndo 46,2 quilômetros pela primeira vez

Ontem foi o último dia de agosto. Durante esse mês (trinta e um dias), corri um total de 350 quilômetros.

Junho	251 quilômetros (56 quilômetros por semana)
Julho	300 quilômetros (70 quilômetros por semana)
Agosto	350 quilômetros (80 quilômetros por semana)

Meu objetivo é a Maratona de Nova York, no dia 6 de novembro. Tive de fazer alguns ajustes a fim de me preparar para ela; até aqui, tudo bem. Comecei estabelecendo uma programação de corrida cinco meses antes da hora, aumentando, por etapas, a distância que corro.

O clima de Kauai em agosto é maravilhoso, e a chuva não me atrapalhou um dia sequer. Quando choveu, foi uma ducha alegre que só fez refrescar meu corpo superaquecido. O clima no litoral norte de Kauai geralmente é bom no verão, mas é uma coisa rara acontecer de permanecer assim firme por tanto tempo. Graças a isso, fui capaz de correr quanto quis. Me sinto em boa forma; assim, mesmo que pouco a pouco eu aumente a distância percorrida, meu corpo não se queixa. Nesses três meses fui capaz de correr livre de dores, sem contusões, sem me sentir muito cansado.

O calor do verão tampouco acaba comigo. Não faço nada de especial para manter meu nível de energia elevado durante o verão. Acho que a única coisa específica que faço é tentar não tomar muita bebida gelada. E comer mais frutas e legumes. Quando se trata da alimentação, no meu caso, o Havaí é o lugar ideal para morar, pois consigo um monte de frutas frescas — manga, mamão papaia, abacate — simplesmente atravessando a rua. Só que não como essas coisas para me prevenir contra indisposições por causa do calor, mas porque meu corpo naturalmente pede por elas. Ser ativo todos os dias torna mais fácil escutar essa voz interior.

Um outro modo que tenho de me manter saudável é tirando um cochilo. E eu cochilo um bocado, na verdade. Em geral, fico sonolento logo depois do almoço, me jogo no sofá e pego no sono. Trinta minutos depois estou completamente desperto. Assim que acordo, meu corpo não fica preguiçoso e minha mente está totalmente clara. Isso no sul da Europa é o que eles chamam de uma *siesta*. Creio que aprendi o costume quando morei na Itália, mas talvez a memória esteja simplesmente me tapeando, já que sempre adorei tirar sonecas. Seja como for, sou o tipo de pessoa que, assim que fica sonolenta, consegue pegar no sono em qualquer lugar. Definitivamente um bom talento para se ter, se você deseja permanecer com saúde, mas o problema é que às vezes eu caio rapidamente no sono em situações em que não deveria.

Perdi algum peso, também, e meu rosto parece mais bronzeado. É uma sensação agradável ver seu corpo passar por essas mudanças, embora certamente elas não aconteçam tão rapidamente como quando eu era jovem. Mudanças que costumavam levar um mês e meio agora levam três. A quantidade de exercício de que sou capaz está em declínio, assim como a eficácia de todo o processo, mas o que se pode fazer? Só posso aceitar, e me virar com o que tenho à mão. Uma das realidades da vida. Além do mais, não acho que deveríamos julgar os valores da vida por quão eficientes eles são. A academia em que malho em Tóquio tem um pôster que diz: "Músculos são difíceis de conseguir e fáceis de perder. Gordura é fácil de conseguir e difícil de perder". Uma dolorosa realidade, mas uma realidade, mesmo assim.

*

E assim agosto deu adeus (e parecia mesmo que acenava), setembro chegou e meu estilo de treinamento passou por outra transformação. Nos três meses até agora, eu estava basicamente treinando para aumentar a distância, sem me preocupar com mais nada, mas apertando constantemente o passo e correndo o mais forte que conseguia. E isso me ajudou a aumentar a força como um todo: minha resistência cresceu, meus músculos ficaram maiores, foi um estímulo tanto físico como mental. A tarefa mais importante aqui era deixar que meu corpo soubesse sem a menor sombra de dúvida que correr tão forte é apenas parte da trajetória. Quando digo *deixar que meu corpo soubesse sem a menor sombra de dúvida* estou falando figurativamente, claro. Por mais que você comande seu corpo para obter um desempenho, não conte com ele para obedecer imediatamente. O corpo é um sistema extremamente prático. Você precisa deixá-lo experimentar a dor intermitente por algum tempo, e então ele vai entender onde você quer chegar. Como resultado, ele aceitará (ou não) de bom grado a quantidade maior de exercício que é obrigado a fazer. Depois disso, você muito gradualmente aumenta o limite máximo da quantidade de exercício que pratica. Fazer isso gradualmente é importante para que você não queime todos os cartuchos.

Agora que setembro chegou e faltam apenas dois meses para a corrida, meu treinamento está entrando em um período de sintonia fina. Por meio de ajustes nos exercícios — às vezes mais longos, às vezes mais curtos, às vezes suaves, às vezes fortes —, faço uma transição da *quantidade* de exercício para a *qualidade*. A questão é atingir o pico de exaustão cerca de um mês antes da corrida, de modo que é um período crítico. A fim de conseguir algum progresso, tenho de escutar atentamente o feedback fornecido por meu corpo.

Em agosto pude me acomodar em um lugar só, Kauai, e treinar, mas em setembro terei de fazer longas viagens, voltar ao Japão e depois ir do Japão a Boston. No Japão estarei ocupado demais para me concentrar em correr do jeito como vinha fazendo. Devo ser capaz de compensar por não correr tanto, porém, estabelecendo um programa de treinamento mais eficiente.

Eu preferia mesmo não precisar falar sobre isso — preferiria mil vezes me esconder no fundo de um armário —, mas a última vez que corri uma maratona foi horrível. Já participei de um monte de corridas, mas nunca de uma que terminou tão mal.

Essa corrida aconteceu na Prefeitura de Chiba. Mais ou menos até o vigésimo nono quilômetro eu estava correndo numa toada bastante boa, e tinha certeza de estar conseguindo um tempo decente. Minha resistência estava muito bem, então eu não tinha dúvida de que teria forças para terminar o restante da corrida sem problemas. Mas no exato momento em que pensava isso, minhas pernas subitamente pararam de seguir ordens. Comecei a sentir câimbras, e elas pioraram de tal forma que não pude mais correr. Tentei alongar, mas a parte posterior de minhas coxas não parava de tremer, e finalmente senti uma câimbra que travou tudo irremediavelmente. Não dava nem para ficar de pé e, antes que me desse conta, eu me agachava ao lado da rua. Já havia tido câimbras em outras corridas, mas, contanto que me alongasse por algum tempo, cerca de cinco minutos era tudo de que meus músculos necessitavam para voltar ao normal e para que eu voltasse à corrida. Mas agora, por mais que o tempo passasse, as câimbras não iam embora. A certa altura, julguei estar melhor e comecei a correr outra vez, mas as infalíveis câimbras voltaram. Então os últimos cinco quilômetros ou algo assim eu tive de fazer caminhando. Essa foi a primeira vez que andei numa maratona, em vez de correr. Até então, para mim se tornara um ponto de honra que, independentemente de quão difíceis as coisas ficassem, eu nunca andaria. Afinal, uma maratona é um evento de corrida, não um evento de caminhada. Mas, nessa corrida em particular, até andar foi um problema. O pensamento cruzou minha mente algumas vezes de que talvez eu devesse desistir e pegar carona em um dos ônibus circulares do evento. *Meu tempo vai ser uma porcaria, de qualquer jeito*, pensei, *então por que não jogar logo a toalha de uma vez?* Mas abandonar a corrida era a última coisa que eu queria fazer. Eu podia me aviltar a ponto de rastejar, mas cruzaria a linha de chegada com meu próprio esforço.

Outros corredores continuavam passando por mim, mas eu avançava mancando, fazendo uma careta de dor. Os números em meu relógio digital continuavam impiedosamente avançando. O vento soprava do oceano, e o suor em minha camisa ficou gelado e me deixou morrendo de frio. Aquela era uma corrida de inverno, afinal de contas. Podem acreditar: dá um frio dos diabos manquitolar pela rua com o vento açoitando você, vestido apenas com camiseta regata e shorts. Seu corpo esquenta consideravelmente quando você corre, e você não sente o frio; fiquei em choque ao perceber como o ar estava gelado assim que parei de correr. Mas o que senti, muito mais do que o frio, foi o orgulho ferido, e que visão lamentável era eu mancando pelo circuito de corrida. Faltando quase dois quilômetros para a linha de chegada, minhas câimbras finalmente cessaram e pude correr novamente. Trotei lentamente por algum tempo até retomar o ritmo, depois disparei no trecho final o mais rápido que pude. Meu tempo, porém, foi de fato péssimo, como eu previa.

Existem três motivos para o meu fracasso. Falta de treino. Falta de treino. E falta de treino. Foi isso, numa expressão. Falta de me exercitar de uma forma abrangente, além de não diminuir meu peso. Sem que eu me desse conta, eu desenvolvera uma espécie de atitude arrogante, convencido de que apenas uma quantidade mediana de treinamento bastava para realizar um bom trabalho. A barreira que divide a confiança salutar do orgulho prejudicial é muito fina. Quando eu era jovem, podia ser que apenas uma dose mediana de treinamento fosse suficiente para que eu corresse uma maratona. Sem forçar demais no treino, eu poderia ter confiado na energia que já armazenara para terminar a prova e fazer um bom tempo. Mas, infelizmente, já não sou mais jovem. Estou chegando àquela idade em que você só obtém de fato aquilo pelo qual pagou.

Quando corria nessa corrida, senti que nunca mais ia querer passar por aquilo outra vez. Morrer de frio e me sentir um lixo? Não, obrigado. Bem ali, decidi que antes da minha maratona seguinte eu voltaria para o básico, começaria do zero, e faria o melhor possível. Iria treinar meticulosamente e redescobrir do que eu era fisicamente capaz. Apertar todos os parafusos soltos, um a um. Fazer tudo isso e ver o que aconteceria. Esses eram meus pensamentos enquanto eu arrastava minhas pernas com câimbras pelo vento gelado, um corredor depois do outro passando por mim.

Como já disse, não sou um tipo de pessoa muito competitiva. Imagino que, até certo ponto, às vezes é difícil evitar a derrota. Ninguém vence o tempo todo. Na estrada da vida você não pode ir constantemente pela faixa mais rápida. Mesmo assim, eu certamente não quero ficar cometendo os mesmos erros sempre e sempre. Melhor aprender com meus erros e pôr essa lição em prática da próxima vez. Enquanto eu ainda tiver a capacidade de fazer isso.

Talvez esse seja o motivo pelo qual, enquanto treino para a próxima maratona — a Maratona de Nova York —, também esteja escrevendo isto. Pouco a pouco vou me lembrando de coisas que aconteceram quando eu era um corredor iniciante, há mais de vinte anos. Repassar as memórias, reler o diário simples que mantive (nunca fui capaz de escrever um diário regular por muito tempo, mas mantenho sem falta meu diário de corredor) e retrabalhá-las na forma de um ensaio ajuda a refletir sobre o caminho percorrido e redescobrir os sentimentos que tive na época. Faço isso não só como uma advertência, mas também como um encorajamento para mim. Também espero que sirva de despertador para a motivação que, em algum ponto ao longo do caminho, ficou adormecida. Estou escrevendo, em outras palavras, para pôr meus pensamentos em algum tipo de ordem. E vendo em retrospecto — em última análise, sempre é em retrospecto — isto pode muito bem acabar sendo um tipo de relato centrado no ato de correr.

Isso não significa que o que me interessa neste exato momento seja escrever uma história pessoal. Estou muito mais preocupado com a questão prática de como terminar a Maratona de Nova York daqui a dois meses, com um tempo um pouco mais decente. A tarefa principal que se apresenta diante de mim neste exato momento é como posso treinar a fim de conseguir isso.

Em 25 de agosto, a revista americana *Runner's World* veio fazer uma sessão de fotos comigo. Um jovem fotógrafo chamado Greg veio da Califórnia e passou o dia me clicando. Sujeito entusiasmado, ele trouxe um baú de equipamento de avião até Kauai. A revista me entrevistara antes, e as fotos eram para acompanhar a matéria. Ao que parece não existem muitos romancistas maratonistas (existem outros, é claro, mas não muitos), e a revista estava interessada em minha vida como *"Running Novelist"*. A *Runner's World* é uma revista muito popular entre os praticantes de corrida americanos, então imagino que um monte de corredores vai me cumprimentar quando eu estiver em Nova York. Isso me deixou ainda mais tenso, pensando em como não posso nem sonhar em me sair muito mal na maratona.

Vamos voltar para 1983. Uma era hoje nostálgica, quando Duran Duran e Hall and Oates lideravam as paradas.

Em julho desse ano viajei para a Grécia e corri por conta própria de Atenas à cidade de Maratona. Essa foi a direção oposta à percorrida pelo mensageiro da antiga batalha, que começou em Maratona e foi para Atenas. Decidi correr no sentido contrário porque imaginei começar bem cedo em Atenas, antes da hora do rush (e antes que o ar ficasse demasiadamente poluído), sair da cidade e ir direto para Maratona, o que me ajudaria a evitar o trânsito pesado. Não era nenhuma corrida oficial e eu corria sozinho, então naturalmente não podia contar com ninguém para remanejar o tráfego só por minha causa.

Por que fui táo longe para correr 42 quilômetros por conta própria? Uma revista masculina me convidara a viajar para a Grécia e escrever um relato sobre a viagem. Era um evento de mídia oficialmente organizado, com o patrocínio do Ministério do Turismo grego. Um monte de outras revistas também patrocinavam a viagem, que compreendia as típicas visitas turísticas para ver ruínas, um cruzeiro pelo mar Egeu etc., mas uma vez que isso houvesse se encerrado, minha passagem ficava em aberto para eu permanecer quanto tempo quisesse e fazer o que bem entendesse. Esse tipo de pacote turístico não me interessava, mas gostei realmente da ideia de ficar por minha própria conta depois disso. A Grécia é o lar do percurso de maratona original, e queria muito conhecê-lo pessoalmente. Imaginei que seria capaz de correr pelo menos parte dele. Para um corredor novato como eu, seria definitivamente uma experiência empolgante.

Peraí, pensei. *Por que só uma parte? Por que não correr a distância* toda?

Quando sugeri isso aos editores da revista, eles gostaram da ideia. Então terminei correndo minha primeira maratona completa (ou algo próximo disso) tranquilamente, sozinho. Nada de multidão, nada de fita na linha de chegada, nada de aplausos calorosos das pessoas ao longo do caminho. Nada disso. Mas por mim tudo bem, uma vez que isso era o percurso da maratona original. O que mais eu poderia desejar?

Na verdade, se você corre direto de Atenas para Maratona, isso não corresponde à extensão de uma maratona oficial, que é de 42195 metros. É cerca de um ou dois quilômetros a menos. Descobri isso anos depois, quando participei de uma corrida oficial que seguia o percurso original, começando em Maratona e terminando em Atenas. Como sabe qualquer um que acompanhou a transmissão pela tevê da maratona nos Jogos Olímpicos de Atenas, depois que os corredores saíram de Maratona, a certa altura entraram por uma rua transversal à esquerda, passaram por ruínas nada conhecidas e voltaram à pista principal. Foi assim que completaram a distância extra. Na época, contudo, eu não tinha consciência disso, e achava que correr direto de Atenas até Maratona corresponderia à extensão olímpica, quando na verdade eram quarenta mil e tantos metros. Mas ao entrar em Atenas fiz alguns desvios, e como o hodômetro da van que me acompanhou mostrava que o veículo andara quarenta e dois quilômetros, presumi que eu correra alguma coisa muito perto de uma maratona completa. Não que isso interesse grande coisa, tanto tempo depois.

Era o meio do verão em Atenas quando corri. Quem já esteve na cidade nessa época sabe que o calor pode ser inacreditável. Os moradores, a menos que se vejam obrigados, evitam sair à tarde. As pessoas não fazem coisa alguma, apenas se mantêm à sombra para conservar as forças. Somente quando o sol se põe é que saem às ruas. Praticamente os únicos que você vê andando ao ar livre numa tarde de verão na Grécia são turistas. Até os cachorros deitam na sombra e não movem um músculo. Você precisa ficar olhando para eles por um bom tempo para ter certeza se estão mesmo vivos. É quente assim. Correr quarenta e dois quilômetros num calor desses é nada mais, nada menos, que pura loucura.

Quando contei a alguns gregos meu plano de correr sozinho de Atenas a Maratona, todos disseram a mesma coisa: "Isso é loucura. Ninguém em juízo perfeito pensaria em fazer uma coisa dessas". Antes de chegar, eu não fazia ideia de como era quente o verão em Atenas, então me mostrei um tanto despreocupado a respeito. Tudo que eu tinha a fazer era correr os quarenta e dois quilômetros, imaginei, só me preocupando com a distância. A temperatura em nenhum momento me passou pela cabeça. Assim que cheguei a Atenas, contudo, fazia um calor tão infernal que comecei a sentir medo. *Eles têm razão*, pensei. *Só sendo maluco pra fazer uma coisa dessas.* Mesmo assim, tomei a decisão temerária, prometendo correr o percurso da maratona original e escrever um artigo a respeito, e viajei até a Grécia para cumprir o combinado. Não havia como voltar atrás, agora. Quebrei a cabeça procurando pensar em algum meio de não ficar exaurido com o calor, e finalmente tive a ideia de deixar Atenas no começo da manhã, enquanto ainda estava escuro, e chegar a Maratona antes do sol muito alto. Quanto mais tarde fosse, mais quente estaria. A coisa estava virando um perfeito "Corra, Melos!", numa competição para superar o sol.

O fotógrafo da revista, Masao Kageyama, iria na van que me acompanharia. Ele tiraria as fotos conforme a equipe me acompanhasse. Não era uma corrida de verdade, e não havia postos de hidratação, de modo que ocasionalmente eu parava para pegar água na van. O verão grego é de fato brutal, e eu sabia que tinha de tomar cuidado para não desidratar.

"Senhor Murakami", disse Kageyama, surpreso em me ver pronto para correr, "não está mesmo pensando em correr o caminho todo, está?".

"Claro que estou. Foi por isso que vim aqui."

"Sério? Mas quando a gente faz esse tipo de projeto, a maioria não vai até o fim. A gente só tira umas fotos, e a maioria não corre todo o percurso. Então está mesmo pensando em correr tudo?"

Às vezes, o mundo me deixa perplexo. Não acredito que as pessoas realmente façam uma coisa dessas.

Em todo caso, comecei a correr às cinco e meia no estádio posteriormente usado nas Olimpíadas de Atenas, em 2004, e tomei a pista na direção de Maratona. Há apenas uma única rodovia principal. Se um dia você correr provas de rua na Grécia, vai entender, mas a pavimentação é diferente. Em vez de cascalho no asfalto, a mistura leva pó de mármore, o que deixa a pista brilhante com a luz do sol e um tanto escorregadia. Quando chove, você precisa tomar muito cuidado. Mesmo quando não está chovendo, as solas de seu tênis ficam guinchando e suas pernas podem sentir como a superfície da rua é lisa.

O que segue é uma versão resumida do artigo que escrevi para a revista, cobrindo minha corrida Atenas-Maratona.

O sol está cada vez mais alto. A rua dentro dos limites da cidade de Atenas é muito difícil de percorrer. Do estádio até o começo da rodovia são cerca de cinco quilômetros, e há uma infinidade de semáforos no caminho, o que interrompe meu ritmo. Há também um monte de lugares onde canteiros de obras e carros em fila dupla bloqueiam a passagem, e sou obrigado a desviar para o meio da rua. Correr com os carros zunindo em volta logo cedo de manhã pode ser um bocado perigoso.

O sol começa a surgir assim que entro na Marathon Avenue, e a iluminação pública se apaga toda de uma vez. O momento em que o sol de verão dominará a terra se aproxima rapidamente. Pessoas começam a se juntar nos pontos de ônibus. Os gregos tiram uma *siesta* ao meio-dia, de modo que costumam sair para o trabalho bem cedo. Todos me olham com curiosidade. Imagino que não deve haver muitos deles que já viram um sujeito oriental correndo pelas ruas quase escuras de Atenas. Atenas não é o tipo de cidade que costuma ter muitos praticantes de corrida, para começo de conversa.

Após uns cinco quilômetros, tiro minha camiseta regata e fico nu da cintura para cima. Sempre corro sem camisa, então a sensação é muito boa (embora mais tarde eu viesse a lamentar o modo terrível como me queimei). Até mais ou menos doze quilômetros corro numa subida gradual. O ar mal se move. Quando chego ao topo da subida, parece que enfim saí da cidade. Estou aliviado, mas ao mesmo tempo é onde a calçada deixa de existir, substituída apenas por uma faixa branca pintada ao longo da estrada, assinalando a pista estreita. A hora do rush já começou, e o número de carros aumentou. Grandes ônibus e caminhões passam roncando por mim, a cerca de oitenta quilômetros por hora. Existe de fato uma vaga sensação de história numa via chamada Marathon Avenue, mas ela não passa basicamente de uma rodovia intermunicipal.

É nesse ponto que encontro meu primeiro cachorro morto. Um cão grande e marrom. Não vejo nenhum ferimento aparente. Está simplesmente caído no meio da pista. Imagino que seja um vira-lata atingido por um veículo em alta velocidade durante a noite. O corpo aparenta ainda estar quente, então nem parece morto. É mais como se estivesse apenas dormindo. Os motoristas de caminhão passam zunindo sem nem sequer olhar.

Um pouco mais adiante topo com um gato que foi esmagado pelos pneus. O gato está totalmente achatado, como uma pizza desfeita, e seco. Deve ter sido atropelado já faz algum tempo.

É desse tipo de estrada que estou falando.

Nesse ponto, começo realmente a me perguntar por que, tendo voado todo o longo caminho desde Tóquio até este lindo país, tenho de correr nessa pequena estrada pavorosa. Deve haver outras coisas que eu poderia estar fazendo. A contagem de corpos de todos esses pobres animais que perderam suas vidas na Marathon Avenue está, hoje, em três cães e onze gatos. Contei um por um, o que é meio deprimente.

Continuo a correr. O sol se revela inteiramente e, com rapidez inacreditável, se ergue no céu. Estou morrendo de sede. Não dá tempo de suar, uma vez que o ar é seco demais e a transpiração evapora imediatamente, deixando para trás uma camada de sal branco. Existe uma expressão em inglês, *beads of sweat*, "contas de suor", mas aqui o suor desaparece antes que sequer possa formar contas. Meu corpo todo começa a arder com o resíduo salgado. Quando passo a língua nos lábios, o gosto é de patê de anchova. Começo a devanear com uma cerveja gelada, tão gelada que chega a queimar. Nenhuma cerveja à vista, porém, então tenho de me contentar com o que pego na van da revista de cinco em cinco quilômetros, mais ou menos. Nunca bebi tanta água numa corrida.

Mas me sinto ótimo. Muita energia de reserva. Estou correndo com apenas uns setenta por cento da capacidade, mas consigo ir num ritmo decente. De vez em quando a estrada sobe num aclive, depois desce. Como corro no sentido interior-litoral, a estrada é, na maior parte, um declive pouco acentuado. Deixo para trás a cidade, depois os subúrbios, e pouco a pouco entro em uma área mais rural. Quando atravesso o pequeno vilarejo de Nea Makri, velhos sentados diante de um café bebericando suas xícaras matinais me observam silenciosamente enquanto passo. Como se presenciassem uma cena saída da noite da história.

Em torno dos vinte e sete quilômetros há uma subida, e assim que a transponho avisto as colinas de Maratona. Imagino ter completado dois terços da corrida. Faço uns cálculos de tempo em minha cabeça e concluo que nesse ritmo serei capaz de terminar o percurso em três horas e meia. Mas as coisas não vão tão bem assim. Após passar dos trinta quilômetros o vento contrário vindo do mar começa a soprar, e, quanto mais me aproximo de Maratona, mais forte ele sopra. O vento é tão forte que minha pele arde. Fico com a sensação de que, se relaxasse o corpo, seria soprado para longe. O cheiro da maresia chega até mim fracamente à medida que a ladeira fica mais íngreme. Há apenas uma estrada para Maratona, e é reta como uma régua. Esse é o ponto em que começo a sentir verdadeira exaustão. Por mais água que eu beba, minutos depois estou sedento outra vez. Uma deliciosa cerveja gelada seria fantástico.

Não — esqueça a cerveja. E esqueça o sol. Esqueça o vento. Esqueça o artigo que tem de escrever. Apenas se concentre no movimento do pé adiante, um depois do outro. É a única coisa que importa.

Passo os trinta e cinco quilômetros. Nunca corri mais que trinta e cinco quilômetros, portanto agora piso em terreno desconhecido. À esquerda há uma linha de montanhas escarpadas, inóspitas. Quem poderia tê-las feito? À direita, a fileira interminável de um pomar de oliveiras. Tudo parece coberto com uma camada de pó branco. E o vento forte que vem do mar jamais arrefece. O que fica de pé, com este vento? Por que precisa ser tão forte?

Com cerca de trinta e sete quilômetros começo a odiar tudo. Já chega! Minha energia está batendo no fundo, e não quero mais correr. Sinto como se estivesse dirigindo um carro com tanque vazio. Preciso de líquido, mas se parar agora para tomar um pouco d'água acho que não consigo voltar a correr. Estou morrendo de sede, mas não tenho mais forças nem para beber água. Conforme esses pensamentos flutuam por minha mente, pouco a pouco vou ficando com raiva. Raiva do carneiro pacificamente mastigando grama em um terreno vazio à beira da estrada, raiva do fotógrafo tirando fotos de dentro da van. O som do obturador me dá nos nervos. Quem precisa de tantas ovelhas, afinal? Mas tirar fotos é o trabalho do fotógrafo, assim como mastigar grama é o trabalho da ovelha, então não tenho direito algum de me queixar. Mesmo assim, a coisa toda realmente me deixa possesso. Na minha pele começam a surgir pequenas bolhas esbranquiçadas com o sol. Isso está ficando ridículo. *Qualé* a desse calor, afinal?

Passo a marca dos quarenta quilômetros.

"Só mais dois quilômetros. Aguenta aí!", grita animado o editor, de dentro da van. Pra *você*, é fácil dizer, fico com vontade de gritar de volta, mas não. O sol implacável queima como o inferno. Mal passa das nove da manhã, mas parece que estou dentro de um forno. O suor entra nos meus olhos. O sal faz meus olhos arderem e por alguns instantes não consigo ver nada. Limpo o suor com a mão, mas a mão e meu rosto também estão salgados, e isso faz com que meus olhos ardam ainda mais.

Além do capim alto de verão consigo divisar a linha de chegada, o monumento de Maratona na entrada do vilarejo de mesmo nome. Ele surge tão abruptamente que a princípio não tenho certeza se é de fato minha meta. Estou feliz em ver a linha de chegada, isso não se discute, mas o modo repentino como surgiu por algum motivo me deixa fulo da vida. Como é o trecho final da corrida, quero fazer um último e desesperado esforço para correr o mais rápido que consigo, mas minhas pernas têm vida própria. Esqueci completamente como mover meu corpo. Todos os meus músculos parecem ter sido aplainados com uma ferramenta enferrujada.

A linha de chegada.

Enfim acabo. Estranhamente, não me vem nenhum sentimento de realização. A única coisa que eu sinto é um completo alívio por não precisar mais correr. Uso uma torneira no posto de gasolina para esfriar meu corpo superaquecido e lavar o sal grudado em mim. Estou coberto de sal, um autêntico campo de sal humano. Quando o velho do posto de gasolina fica sabendo o que acabei de fazer, arranca umas flores de um vaso e me presenteia com um buquê. *Fez um bom trabalho*, ele sorri. *Parabéns*. Fico imensamente agradecido com esses pequenos gestos de bondade de estrangeiros. Maratona é uma pequena vila amistosa, calma e pacífica. Não consigo imaginar como pode ter sido aqui que, milhares de anos antes, os gregos derrotaram o Exército persa invasor em uma terrível batalha litorânea. Sento em um café no vilarejo e tomo uma cerveja Amstel gelada. Ela desce de um jeito fantástico, mas não chega nem perto de ser tão bom quanto a cerveja que imaginei beber enquanto corria. Nada no mundo real é tão belo quanto as ilusões de uma pessoa prestes a perder a consciência.

A corrida de Atenas a Maratona levou três horas e cinquenta e um minutos. Não exatamente um grande tempo, mas pelo menos consegui cumprir todo o percurso sozinho, minhas únicas companhias o trânsito pavoroso, o calor inimaginável e minha sede terrível. Acho que deveria sentir orgulho do que fiz, mas neste momento não ligo. O que me deixa feliz neste exato momento é saber que não preciso correr nem mais um passo.

Ufa! — não preciso mais correr.

Essa foi minha primeira experiência em correr (quase) quarenta e dois quilômetros. E, felizmente, foi a última vez em minha vida que precisei correr quarenta e dois quilômetros sob condições tão pavorosas. Em dezembro do mesmo ano, participei da Maratona de Honolulu com um tempo bem decente. O Havaí é quente, mas nada comparado a Atenas. Assim, Honolulu foi minha primeira maratona oficial completa. Desde então costumo correr uma maratona completa todo ano.

Relendo o artigo que escrevi na época dessa corrida na Grécia, descobri que depois de uns vinte e poucos anos, e o mesmo tanto de maratonas mais tarde, os sentimentos que tenho quando corro quarenta e dois quilômetros são os mesmos da época. Mesmo agora, sempre que corro uma maratona, minha mente passa exatamente pelo mesmo processo. Até trinta quilômetros tenho certeza de que consigo fazer um bom tempo, mas passando dos trinta e cinco meu combustível acaba e começo a me irritar com tudo. E no fim me sinto como um carro que ficou sem gasolina. Mas depois de tudo terminado e algum tempo ter se passado, esqueço a dor e o sofrimento e já estou planejando como posso fazer um tempo um pouco melhor na corrida seguinte. O gozado é que, independentemente de quanto eu já tenha passado pela experiência na prática, independentemente do avanço da idade, tudo é sempre uma repetição da vez anterior.

Acho que determinados tipos de processo não permitem qualquer variação. Se você precisa fazer parte do processo, tudo que tem a fazer é transformar — ou talvez distorcer — a si mesmo mediante a repetição persistente, e tornar esse processo parte de sua própria personalidade.

Ufa!

Quatro

19 DE SETEMBRO DE 2005 — TÓQUIO

**A maior parte do que sei sobre escrever
ficção aprendi correndo todos os dias**

Em 10 de setembro me despedi de Kauai e voltei ao Japão para uma estadia de duas semanas. No momento uso o carro para me deslocar entre meu escritório em Tóquio e minha casa na Prefeitura de Kanagawa. Continuo a praticar a corrida, mas como fiquei sem voltar ao Japão por algum tempo, há muito trabalho à minha espera para me manter ocupado, e pessoas com quem me encontrar. E tenho de me dedicar com atenção a cada coisa. Não tenho a mesma liberdade para correr que tinha em agosto. Em vez disso, quando me sobra algum tempo livre, tento correr longas distâncias. Desde que voltei, corri vinte quilômetros duas vezes, e trinta, outra vez. Então tenho sido capaz, a custo, de manter minha cota de dez quilômetros por dia.

Também tenho me obrigado deliberadamente a treinar em colinas. Perto de casa há uma boa série de aclives com uma mudança de elevação equivalente a mais ou menos um prédio de cinco ou seis andares, e numa única corrida venci essa subida vinte e uma vezes. Levou uma hora e quarenta e cinco minutos. O dia estava terrivelmente quente e úmido, e fiquei exausto. A Maratona de Nova York é em geral um percurso plano, mas passa por sete pontes, a maioria delas suspensas, de modo que a seção intermediária é sempre um suave aclive. Já corri a Maratona de Nova York três vezes, até hoje, e essas subidas e descidas graduais sempre cansam minhas pernas mais do que espero.

O trecho final dessa maratona é no Central Park, e logo depois da entrada do parque há algumas mudanças abruptas de elevação que sempre retardam meu passo. Quando saio para uma corrida matinal pelo Central Park, são apenas aclives suaves que não me trazem o menor problema, mas no último trecho de uma maratona, são como um muro construído diante do corredor. O impiedoso arrancar da última gota de energia que você veio poupando. *A linha de chegada está próxima*, sempre digo a mim mesmo, mas a essa altura estou correndo com a pura força de vontade, e a linha de chegada não parece nem um pouco mais perto. Estou morrendo de sede, mas meu estômago não suporta mais água. É nesse ponto que as pernas começam a gritar.

Sou muito bom em subidas, e normalmente gosto dos percursos que incluem subidas, pois é aí que consigo ultrapassar outros corredores. Mas quando chegam as subidas do Central Park, estou totalmente sem fôlego. Dessa vez quero aproveitar, relativamente, os últimos quilômetros, dar tudo que posso e rasgar a fita com um sorriso no rosto. Essa é uma das minhas metas na maratona de agora.

A quantidade total de corrida que estou realizando talvez seja menor, mas pelo menos estou seguindo uma de minhas regras básicas de treinamento: nunca tiro dois dias seguidos de folga. Músculos são como animais de carga rápidos em entender as coisas. Se você aumenta a carga cuidadosamente, pouco a pouco, eles aprendem a puxá-la. Na medida em que você explique suas expectativas para eles, mostrando efetivamente exemplos da quantidade de trabalho que tem de suportar, seus músculos vão aquiescer e, gradualmente, ficar mais fortes. Isso não acontece da noite para o dia, é claro. Mas contanto que você seja paciente e faça isso em estágios, eles não se queixarão — à parte o ocasional amuo —, e com muita calma e obediência se tornarão mais fortes. Por meio da repetição você grava em seus músculos a mensagem de qual é a quantidade de trabalho duro que precisam realizar. Nossos músculos são muito conscientes. Contanto que observemos o procedimento correto, não vão se queixar.

Se, porém, a carga é aliviada por alguns dias, os músculos automaticamente assumem que não precisam trabalhar mais tão duro, e baixam seus limites. Músculos são de fato como animais, e querem ficar no maior conforto possível; se nenhuma pressão é aplicada sobre eles, eles relaxam e apagam a lembrança de todo o trabalho. Para recuperar sua memória apagada, você tem de repetir toda a jornada desde o início. Naturalmente, é importante fazer um intervalo às vezes, mas num momento crítico como esse, quando você está treinando para uma corrida, deve mostrar para os músculos quem é que manda. Tenho de deixar claro para eles o grau de expectativa. Tenho de manter uma certa tensão sendo severo, mas não ao ponto de deixá-los exauridos. Essas são táticas que todos os corredores experientes aprendem com o tempo.

Enquanto estive no Japão, uma nova coletânea de contos minha, *Estranhas histórias de Tóquio*, foi publicada, e tive de conceder diversas entrevistas sobre o livro. Também preciso conferir as provas de um livro de crítica musical que sai em novembro e participar de uma reunião para discutir a capa. Depois tenho de voltar às minhas velhas traduções da obra completa de Raymond Carver. Com novas edições em brochura saindo, quero revisar todas as traduções, o que consome tempo. E, principalmente, tenho de escrever uma longa introdução para a coletânea de contos *Salgueiro cego, mulher adormecida*, que será publicada no ano que vem nos Estados Unidos. Além do mais, estou trabalhando firme nesses ensaios sobre correr, embora ninguém em particular tenha pedido que o fizesse. Exatamente como um ferreiro de uma aldeia tranquila, martelando, martelando.

Há também alguns poucos detalhes profissionais de que preciso me ocupar. Enquanto eu vivia nos Estados Unidos, a assistente que trabalha em nosso escritório em Tóquio anunciou de repente que vai se casar no começo do ano que vem e que pretende pedir demissão, então precisamos encontrar alguém para substituí-la. O escritório não pode ficar fechado durante o verão. E logo que eu voltar para Cambridge tenho de dar algumas palestras na universidade, portanto preciso me preparar também para isso.

Então eu tento, no pouco tempo que me sobra, cuidar de todas essas coisas o melhor possível. E tenho de continuar a treinar para a Maratona de Nova York. Mesmo que eu fosse dois, não daria conta de tudo que há para ser feito. Mas aconteça o que acontecer vou continuar correndo. Correr todo dia é uma espécie de corda de segurança para mim, então não vou largar isso só porque estou muito ocupado. Se costumasse usar o fato de estar ocupado como desculpa para não correr, nunca mais correria. Tenho apenas alguns motivos para continuar a correr, e um caminhão deles para desistir. Tudo que tenho a fazer é manter esses *poucos motivos* muito bem-cuidados.

Em geral, quando estou em Tóquio, corro em volta do Jingu Gaien, os jardins externos do santuário Meiji, um percurso que passa pelo estádio Jingu. Não se compara ao Central Park, em Nova York, mas é um dos poucos lugares em Tóquio com um pouco de verde. Fiz esse percurso durante anos e tenho uma percepção bem clara da distância. Memorizei todos os buracos e calombos ao longo do caminho, então é o lugar perfeito para praticar e ter uma noção da velocidade em que estou indo. Infelizmente, há um bocado de tráfego na área, para não mencionar pedestres, e dependendo da hora do dia o ar não é muito limpo — mas estamos no centro de Tóquio, de modo que é de se esperar. Isso é o melhor que posso pedir. Considero-me sortudo por ter um lugar para correr próximo de casa.

Uma volta em torno de Jingu Gaien dá pouco mais do que um quilômetro, e gosto do fato de que puseram marcadores de distância no chão. Sempre que desejo correr a uma determinada velocidade — digamos, um quilômetro em cinco minutos e meio, ou em cinco, ou quatro e meio —, faço esse percurso. Quando comecei a correr em Jingu Gaien, Toshihiko Seko ainda era um corredor em atividade e costumava fazer esse circuito também. Ele estava treinando forte, preparando-

-se para as Olimpíadas de Los Angeles. Uma reluzente medalha de ouro era a única coisa em sua mente. Ele perdera a chance de participar dos Jogos Olímpicos de Moscou por causa do boicote, então Los Angeles provavelmente seria sua última chance de ganhar uma medalha. Havia qualquer coisa de heroico nele, algo que dava para notar claramente em seus olhos. Nakamura, o técnico da equipe s&b, ainda estava vivo e com saúde, na época, e a equipe era formada só por corredores de ponta e estava no auge de sua força. A equipe s&b usava esse percurso diariamente para treinar, e com o tempo naturalmente passamos a nos conhecer de vista. Certa vez, cheguei a viajar para Okinawa para escrever um artigo sobre eles quando estavam treinando lá.

Cada um desses atletas corria individualmente bem cedo de manhã, antes de ir para o trabalho, e depois à tarde a equipe se reunia para treinar junto. Nessa época eu costumava correr antes das sete — quando o trânsito não estava pesado, não havia tantos pedestres e o ar estava relativamente limpo —, e os componentes da equipe s&b e eu costumávamos acenar uns para os outros ao passar. Em dias chuvosos trocávamos um sorriso, como que dizendo: "Que roubada, hein?". Lembro-me de dois corredores em particular, Taniguchi e Kanei. Ambos perto dos trinta anos, ambos antigos membros da equipe de corrida da Universidade Waseda, onde haviam se destacado como jovens estrelas na corrida de revezamento. Pertenciam àquele nível de atletas cuja expectativa é de que um dia ganhariam medalhas olímpicas, e o treinamento duro não os assustava. Infelizmente, porém, morreram em um acidente de carro quando a equipe treinava em Hokkaido, no verão. Eu vira com meus próprios olhos o difícil regime ao qual se submetiam, e foi um verdadeiro choque quando recebi a notícia de suas mortes. Sofri muito ao ficar sabendo, e sinto que foi uma perda terrível.

Mal havíamos trocado algumas palavras, e não os conheci pessoalmente muito bem. Apenas descobri depois de sua morte que haviam acabado de se casar. Mesmo assim, como companheiro de corridas de longa distância que os encontrava todos os dias, eu tinha a sensação de que entendíamos uns aos outros. Ainda que o nível de capacidade varie, existem coisas que só corredores compreendem e compartilham. Acredito nisso de fato.

Mesmo hoje, quando corro por Jingu Gaien ou Asakasa Gosho, às vezes me lembro desses outros corredores. Dobro uma esquina e tenho a sensação de que vou vê-los vindo em minha direção, correndo em silêncio, seu hálito branco no ar matinal. E sempre penso no seguinte: eles passaram por um treinamento tão extenuante, e para onde foram seus pensamentos, esperanças e sonhos? Quando as pessoas morrem, seus pensamentos simplesmente desaparecem?

Perto de minha casa em Kanagawa, posso fazer um tipo de treinamento completamente diferente. Como já mencionei, nos arredores existe um percurso de corrida com um monte de subidas íngremes. Existe também outro percurso próximo que leva cerca de três horas para completar — perfeito para uma corrida longa. A maior parte dele é uma pista plana que segue paralela a um rio e ao mar, não tem muitos carros e dificilmente há algum semáforo para me atrasar. O ar é limpo, também, ao contrário do de Tóquio. Pode ser um pouco tedioso correr sozinho durante três horas, mas ouço música, e já que sei o que vou enfrentar, consigo aproveitar a corrida. O único problema é que se trata de um percurso do tipo ida e volta, de modo que você não pode simplesmente largar na metade se estiver cansado. Tenho de conseguir voltar com minhas próprias forças, mesmo que isso signifique rastejar. De maneira geral, contudo, é um bom ambiente para treinar.

De volta aos romances por um momento.

Em toda entrevista me perguntam qual a qualidade mais importante que um romancista deve ter. Isso é bem óbvio: talento. Não interessa quanto entusiasmo e empenho você põe em escrever, se for totalmente destituído de talento literário, pode esquecer a ocupação de romancista. Isso é mais um pré-requisito que uma qualidade necessária. Sem combustível, nem o melhor carro do mundo anda.

O problema do talento, contudo, é que na maioria dos casos a pessoa envolvida não consegue controlar sua quantidade ou qualidade. Talvez você ache que a quantidade não é suficiente e deseje aumentá-la, ou você pode querer ser frugal para fazê-la durar mais, mas em nenhuma situação as coisas funcionam tão facilmente assim. O talento é dotado de vida própria e vem à tona quando bem entende, e uma vez que seca, já era. Claro que certos poetas e cantores de rock cujo gênio aflora numa explosão gloriosa — ou pessoas como Schubert e Mozart, cujas mortes dramaticamente precoces os transformaram em lendas — exercem certo apelo, mas para a vasta maioria esse não é o modelo seguido.

Se me perguntarem qual a segunda qualidade mais importante para um romancista, essa também é fácil: concentração — a habilidade de focar todos os seus limitados talentos no que for mais crucial no momento. Sem isso não se pode realizar nada de valor, ao passo que, se você for capaz de se concentrar eficientemente, conseguirá compensar um talento errático ou até a falta de talento. Eu geralmente paro para escrever de três a quatro horas todas as manhãs. Sento em minha mesa e me concentro totalmente no que estou escrevendo. Não olho para mais nada, não penso em mais nada. Mesmo um romancista muito talentoso e com a cabeça fervilhando de novas ideias provavelmente não consegue escrever uma linha se, por exemplo, estiver sofrendo com uma cárie. A dor bloqueia a concentração. Isso é o que quero dizer quando afirmo que sem concentração você não realiza coisa alguma.

Depois de concentração, a coisa mais importante para um romancista é, sem sombra de dúvida, perseverança. Se você se concentra em escrever por três ou quatro horas por dia e se sente cansado após uma semana fazendo isso, não será capaz de escrever um livro longo. O que um escritor de ficção necessita — pelo menos aquele que sonha em escrever um romance — é a energia para se concentrar todo dia durante meio ano, ou um ano, dois anos. Pode-se comparar isso com respirar. Se a concentração é o processo de simplesmente prender o ar, perseverança é a arte de lentamente, calmamente, respirar, ao mesmo tempo em que você armazena ar em seus pulmões. A menos que possa encontrar um equilíbrio entre as duas coisas, será difícil escrever romances profissionalmente por um longo período. Continuando a respirar enquanto segura o fôlego.

Felizmente, essas duas disciplinas — concentração e perseverança — são diferentes do talento, uma vez que podem ser adquiridas e aperfeiçoadas por meio de treinamento. Você aprenderá naturalmente a ter tanto concentração quanto perseverança quando sentar todo dia diante de sua escrivaninha e treinar a mente a se concentrar em uma coisa só. Isso se parece um bocado com o treinamento muscular de que falei agora há pouco. Você precisa transmitir continuamente o objeto de sua concentração para seu corpo todo, e se certificar de que ele assimilou por inteiro a informação necessária para que você escreva todo dia e se concentre na tarefa diante de si. E gradualmente você expandirá os limites do que é capaz de fazer. Quase imperceptivelmente vai obrigar a barra a subir um pouco mais. Isso envolve o mesmo processo de correr diariamente para fortalecer os músculos e desenvolver um físico de corredor. Acrescente um estímulo e fique firme. E repita. Paciência é um componente obrigatório do processo, mas garanto que os resultados virão.

Em sua correspondência particular, o grande escritor de policiais Raymond Chandler certa vez confessou que mesmo que não escrevesse nada, obrigava-se a sentar em sua mesa todo dia e se concentrar. Entendo a finalidade por trás disso. Esse era o modo como Chandler arrumava para si mesmo a resistência física de que um escritor profissional precisa, aumentando tranquilamente sua força de vontade. Esse tipo de treinamento diário era indispensável para ele.

Escrever romances, para mim, é basicamente um tipo de trabalho braçal. Escrever, em si mesmo, é um trabalho mental, mas terminar um livro inteiro está mais próximo do trabalho braçal. Não envolve levantar peso, correr ou pular.

A maioria das pessoas, contudo, enxerga apenas a realidade superficial da escrita e acha que os escritores vivem silenciosamente concentrados em um trabalho intelectual em seu gabinete ou escritório. Basta ter força para erguer uma xícara de café, imaginam, que você pode escrever um romance. Mas assim que você arregaça as mangas para começar, percebe que não é um trabalho tão tranquilo como parece. O processo todo — sentar em sua mesa, concentrar sua mente como se fosse um raio laser, imaginar alguma coisa em um horizonte vazio, criando uma história, escolhendo as palavras certas, uma a uma, mantendo todo o fluxo da história nos trilhos — exige muito mais energia, por um longo período, do que imagina a maioria das pessoas. Pode ser que você não mova seu corpo de um lado para outro, mas há um exaustivo e dinâmico trabalho operando dentro de você. Todo mundo usa a mente quando pensa. Mas um escritor veste um traje chamado narrativa e pensa com todo o seu ser; e para o romancista esse processo exige pôr em ação toda a sua reserva física, geralmente ao ponto da estafa.

Escritores abençoados com talento de sobra passam por esse processo inconscientemente, em alguns casos sem nem se dar conta dele. Especialmente quando jovens, contanto que tenham certo nível de talento, não é difícil para eles escrever um romance. A pessoa facilmente remove da frente todo tipo de empecilho. Ser jovem significa que todo o seu corpo é dotado de uma vitalidade natural. Concentração e perseverança surgem na medida da necessidade, e você nunca precisa ir atrás delas por conta própria. Se você é jovem e talentoso, é como se tivesse asas.

Na maioria dos casos, porém, à medida que a juventude se vai, esse tipo de vigor fluido perde a vitalidade e o brilho naturais. Depois que você passa de certa idade, as coisas que era capaz de fazer com facilidade não são mais tão fáceis — assim como um arremessador de bolas rápidas começa a perder força com o tempo. Claro, é possível para as pessoas, conforme amadurecem, compensar um declínio no talento natural. Como quando um arremessador de bolas rápidas diminui a velocidade para enganar o rebatedor. Mas há um limite. E há definitivamente uma sensação de perda.

Por outro lado, escritores que não foram abençoados com grande talento — aqueles que alcançam sucesso moderado — precisam adquirir força por conta própria. Eles têm de treinar para melhorar a concentração, aumentar sua perseverança. Em certa medida, são obrigados a fazer essas qualidades substituírem o talento. E, no processo de se apoiar nelas, pode ser que descubram um talento real escondido dentro deles. Eles estão suando, cavando um buraco junto aos pés com uma pá, quando se deparam com uma mina d'água secreta, subterrânea. É uma coisa afortunada, mas o que tornou essa boa sorte possível foi todo o treinamento que fizeram que lhes deu a força para continuar a cavar. Imagino que escritores tardios passaram todos por um processo similar.

Naturalmente, existem pessoas no mundo (um punhado apenas) abençoadas com um enorme talento que, do início ao fim, não esmorece, e cujas obras são sempre da mais alta qualidade. Esses poucos felizardos contam com uma fonte que nunca seca, por mais que recorram a ela. Para a literatura, é algo a que devemos ficar gratos. É difícil imaginar a história da literatura sem figuras como Shakespeare, Balzac e Dickens. Mas gigantes são, afinal de contas, gigantes — figuras excepcionais, lendárias. A maioria restante dos escritores que não são capazes de se elevar a tais alturas (inclusive eu, é claro) precisa suplementar o que está faltando em seu estoque de talento por quaisquer meios de que possa lançar mão. De outro modo, é impossível para eles continuar a escrever romances de algum valor. Os métodos e direções que um escritor toma a fim de suplementar a si mesmo tornam-se parte da individualidade desse escritor, o que o faz especial.

A maior parte do que sei sobre escrever, aprendi correndo todos os dias. São lições práticas, físicas. Até onde posso me forçar? Quanto descanso é apropriado — e quanto é demais? Até onde posso levar alguma coisa e ainda assim mantê-la decente e consistente? Quando uma coisa se torna tacanha e inflexível? Quanta consciência do mundo exterior devo ter, e quanto devo me concentrar em meu próprio mundo interior? Em que medida devo ter confiança em minhas capacidades, e quando devo começar a duvidar de mim mesmo? Sei que se eu não tivesse me tornado um corredor de longa distância quando me tornei romancista, minha obra teria sido vastamente diferente. Quão diferente? Difícil dizer. Mas alguma coisa definitivamente teria sido diferente.

Em todo caso, fico feliz por não ter parado de correr em todos esses anos. O motivo é o seguinte: gosto dos romances que escrevi. E fico de fato ansioso em descobrir que tipo de romance vou produzir em seguida. Uma vez que sou um escritor limitado — uma pessoa imperfeita vivendo uma vida limitada, imperfeita —, o fato de que ainda consiga me sentir desse jeito é uma verdadeira realização. Chamar de milagre talvez seja exagero, mas realmente me sinto desse jeito. E se correr todo dia me ajuda a realizar isso, então sou muito grato por correr.

As pessoas às vezes zombam de quem corre todo dia, alegando que é uma tentativa desesperada de viver mais. Mas não acho que esse seja o motivo pelo qual a maioria corre. A maioria dos corredores corre não porque queira viver mais, mas porque quer viver a vida ao máximo. Se você quer desfrutar os anos, é muito melhor vivê-los com objetivos claros e plenamente vivo do que numa bruma, e acredito que correr ajude a fazer isso. Forçar a si mesmo ao máximo dentro de seus limites individuais: essa é a essência de correr, e uma metáfora aplicável à vida — e, para mim, ao ato de escrever, também. Acredito que muitos corredores concordariam.

Estou a caminho de uma academia perto de onde moro em Tóquio para fazer uma massagem. O que a pessoa executa é menos uma massagem do que uma rotina para me ajudar a alongar músculos que não consigo alongar sozinho. Todo o meu treinamento duro deixou-os rígidos, e se não faço esse tipo de massagem meu corpo pode desmoronar antes da corrida. É importante forçar seu corpo ao limite, mas exceda isso e todo o esforço terá sido em vão.

A massagista é na verdade uma jovem, mas ela é forte. Sua massagem é muito — ou talvez eu devesse dizer *extremamente* — dolorosa. Após meia hora de massagem, minhas roupas, até mesmo minha roupa de baixo, está encharcada. A massagista sempre fica admirada com minha condição. "Você realmente está deixando seus músculos muito rígidos", diz. "Estão prestes a sofrer uma câimbra. A maioria das pessoas teria tido câimbras há muito tempo. Estou mesmo surpresa por você viver dessa maneira."

Se continuar a exigir demais de meus músculos, adverte ela, mais cedo ou mais tarde alguma coisa vai ceder. Ela deve estar com a razão. Mas também tenho a sensação — a esperança — de que não esteja, porque venho forçando meus músculos ao limite faz muito tempo. Sempre que me concentro no treinamento, meus músculos se enrijecem. Quando calço os tênis de corrida de manhã e saio, meus pés estão tão pesados que parece que nunca vou conseguir fazê-los se mexer. Começo a correr pela rua, vagarosamente, quase arrastando os pés. Uma velha senhora da vizinhança está caminhando apressada pela rua, não consigo sequer ultrapassá-la. Mas, conforme continuo correndo, meus músculos pouco a pouco se soltam, e após cerca de vinte minutos sou capaz de correr normalmente. Começo a acelerar. Depois disso consigo correr mecanicamente, sem qualquer problema.

Em outras palavras, meus músculos são do tipo que necessitam de um longo tempo para esquentar. Demoram para pegar. Mas assim que esquentam, continuam trabalhando bem por um longo tempo sem ficar extenuados. São o tipo de músculos que se precisa para longas distâncias, mas não são nem um pouco adequados para distâncias curtas. Em uma prova de curta distância, quando meu motor pegasse, a corrida já teria acabado. Não conheço nada dos detalhes técnicos característicos desse tipo de músculo, mas imagino que seja uma coisa mais para inata. E sinto que esse tipo de músculo está conectado com o modo como minha mente funciona.

O que quero dizer é que a mente da pessoa é controlada por seu corpo, certo? Ou será o oposto — o modo como sua mente funciona influencia a estrutura de seu corpo? Ou será que corpo e mente influenciam estreitamente um ao outro e agem um sobre o outro? O que de fato sei é que as pessoas possuem certas tendências inerentes, e quer a pessoa goste ou não delas, elas são inescapáveis. Tendências podem ser ajustadas, em certo grau, mas sua essência é inalterável.

O mesmo vale para o coração. Meu batimento geralmente fica em torno de cinquenta por minuto, o que acho que é bem lento. (A propósito, ouvi dizer que o medalhista de ouro das Olimpíadas de Sydney, Naoko Takahashi, tinha uma pulsação de trinta e cinco.) Mas se corro por cerca de trinta minutos ele sobe para setenta. Depois que corro o mais forte que posso, ele chega perto de cem. De modo que é só depois de correr que meu pulso sobe para o nível da pulsação em repouso da maioria das pessoas. Isso é também uma faceta do tipo de constituição de longa distância. Depois que comecei a correr, meu batimento em repouso caiu consideravelmente. Meu coração ajustou seu ritmo para se adequar à corrida de longa distância. Se ele fosse elevado em repouso e ficasse ainda mais alto quando corro, meu corpo não aguentaria. Nos Estados Unidos, sempre que uma enfermeira mede minha pulsação, ela invariavelmente diz: "Ah, o senhor deve ser um corredor". Imagino que a maioria dos corredores de longa distância que praticam há bastante tempo passe por uma experiência semelhante. Quando você vê gente correndo na cidade, é fácil distinguir os iniciantes dos veteranos. Os que estão arfando são iniciantes; os que respiram de forma compassada e tranquila são veteranos. Seus corações, perdidos em pensamentos, contam o tempo vagarosamente. Quando passamos uns pelos outros na pista, escutamos o ritmo da respiração de cada um, e sentimos o modo como a outra pessoa registra cada momento que se vai. Bem parecido com dois escritores que percebem a dicção e o estilo um do outro.

Mas, seja como for, meus músculos agora estão realmente enrijecidos, e alongar não vai soltá-los. Cheguei ao máximo em termos de treinamento, mas mesmo assim eles estão mais endurecidos do que o normal. Às vezes, preciso bater nas pernas com o punho quando estão rijas demais e soltá--las. (Sim, dói.) Meus músculos podem ser tão ou mais teimosos do que eu. Eles lembram coisas e perseveram, e em certa medida melhoram. Este é meu corpo, com todas as suas limitações e idiossincrasias. Assim como meu rosto, mesmo que eu não goste, é o único que tenho, então preciso me virar com ele mesmo. À medida que envelheço, naturalmente fico resolvido em relação a isso. Você abre a geladeira e pode preparar uma boa — na verdade, até uma deliciosa — refeição com as sobras. Tudo que resta ali são uma maçã, uma cebola, queijo e ovos, mas não dá para se queixar. Precisa se virar com o que tem. À medida que envelhece você aprende até mesmo a ser feliz com o que tem. Essa é uma das poucas vantagens de envelhecer.

Faz já algum tempo que venho correndo pelas ruas de Tóquio, cujo clima em setembro ainda é opressivo. O calor remanescente do verão na cidade é outra coisa. Corro em silêncio, meu corpo todo sua. Consigo sentir até meu boné cada vez mais encharcado. O suor é parte de minha sombra clara conforme pinga no chão. As gotas de suor caem no asfalto e evaporam imediatamente.

Em qualquer lugar a que você vá, a expressão nos corredores de longa distância é sempre a mesma. Todos parecem estar pensando em alguma coisa quando correm. Pode ser que não estejam pensando em absolutamente nada, mas parecem profundamente concentrados em alguma coisa. É incrível que estejam todos correndo no calor desse jeito. Mas, pensando bem, eu também estou.

No percurso de Jingu Gaien uma mulher que passa me chama pelo nome. Uma das minhas leitoras, descubro. Isso não acontece com muita frequência, mas às vezes acontece. Paro e converso por um minuto. "Leio seus romances há vinte anos", diz ela. Começou no fim da adolescência e agora se aproxima dos quarenta anos. "Obrigado", eu lhe digo. Ambos sorrimos, apertamos as mãos e nos despedimos. Fiquei com receio de que minha mão estivesse suada demais. Continuo correndo, e ela segue rumo a seu destino, seja ele qual for. E eu continuo correndo em direção ao meu. E qual é ele? Nova York, claro.

Cinco

3 DE OUTUBRO DE 2005 — CAMBRIDGE, MASSACHUSETTS

Mesmo que eu tivesse um longo rabo de cavalo na época

Na região de Boston, em todo verão há alguns dias tão desagradáveis que você sente vontade de xingar tudo que aparece na frente. Se você consegue atravessá-los, contudo, não é ruim o resto do tempo. Os ricos fogem do calor indo para Vermont ou Cape Cod, o que deixa a cidade agradável e vazia. As árvores que ladeiam a trilha ao longo do rio fornecem muita sombra e frescor, e os alunos das universidades de Harvard e Boston estão sempre no rio cintilante praticando para alguma regata. Garotas de biquíni tomam sol sobre toalhas de praia, escutando seu walkman ou iPod. Um furgão de sorvete para e começa a vender. Alguém está tocando guitarra, uma antiga canção de Neil Young, e um cachorro de pelo longo corre obstinadamente atrás de um frisbee. Um psiquiatra que vota nos democratas (pelo menos imagino que seja) vai pela rua junto ao rio em seu Saab conversível cor de ferrugem.

O peculiar outono da Nova Inglaterra — curto e adorável — ameaça começar e finalmente chega. Pouco a pouco, o verde profundo, onipresente, que nos cerca dá lugar a um amarelo pálido. Quando chega o momento em que sou obrigado a usar calças de agasalho por cima dos shorts de corrida, as folhas mortas estão rodopiando ao vento e bolotas de carvalho atingem o asfalto com um estalo duro e seco. Esquilos atarefados correm de um lado para outro como loucos, tentando juntar provisão suficiente para se manter até o inverno.

Assim que o Halloween termina, o inverno, como um coletor de impostos eficiente, aparece, sucinto e silencioso. Antes que eu me dê conta, o rio está coberto com uma camada espessa de gelo e os barcos sumiram. Se a pessoa quiser, pode caminhar sobre o rio até o outro lado. As árvores estão despidas de folhas, e os galhos finos enroscam-se uns nos outros com o vento, crepitando como ossos ressecados. Bem no alto dessas árvores dá para ver os ninhos dos esquilos. Os animaizinhos devem estar profundamente adormecidos ali dentro, sonhando. Bandos de gansos passam voando vindos do Canadá, lembrando-me de que faz ainda mais frio ao norte daqui. O vento que sopra através do rio é gelado e cortante como um machado recém-amolado. Os dias ficam cada vez mais curtos, e as nuvens, mais densas.

Nós corredores usamos luvas, gorros de lã enterrados até a orelha e máscaras no rosto. Mesmo assim, as pontas dos dedos ficam geladas e os lóbulos das orelhas doem. Se fosse apenas o vento gelado, sem problema. Se achamos que dá para lidar com ele, de algum modo conseguimos. O golpe de misericórdia vem quando ocorre uma tempestade de neve. Durante a noite, a nevasca congela, formando montes de gelo gigantescos e escorregadios, tornando as ruas intransponíveis. Então desistimos da corrida e tentamos manter o condicionamento nadando em piscinas cobertas, pedalando e pedalando para lugar nenhum nessas indignas bicicletas ergométricas, esperando a chegada da primavera.

O rio a que me refiro é o rio Charles. As pessoas apreciam ficar junto ao rio. Algumas caminham ociosamente, passeiam com seus cães, andam de bicicleta ou correm, enquanto outras preferem patinar. (Como um passatempo perigoso desses pode ser agradável é algo que não consigo compreender.) Como que atraídas por um ímã, as pessoas se juntam às margens do rio.

Ver uma grande massa de água como aquela todos os dias é provavelmente uma coisa importante para seres humanos. *Para seres humanos* talvez seja generalizar um pouco — mas é realmente importante para uma pessoa: eu. Se fico por um tempo sem ver água, sinto como se algo estivesse lentamente escoando para fora de mim. É provavelmente a mesma sensação que um amante de música tem quando, por qualquer razão, fica separado da música por um longo tempo. O fato de eu ter crescido perto do mar talvez tenha alguma coisa a ver com isso.

A superfície da água muda dia após dia: a cor, o formato das ondas, a velocidade da corrente. Cada estação traz mudanças distintas às plantas e aos animais que cercam o rio. Nuvens de todos os tamanhos aparecem e se movem, e a superfície do rio, iluminada pelo sol, reflete essas formas brancas conforme vêm e vão, às vezes de um modo fiel, às vezes distorcido. Sempre que mudam as estações, a direção do vento oscila como se alguém houvesse apertado um interruptor. E corredores conseguem detectar cada detalhe na mudança sazonal quando o vento toca em nossa pele, no cheiro e na direção do vento. No meio desse fluir, tenho consciência de mim mesmo como uma minúscula peça no gigantesco mosaico da natureza. Sou apenas um fenômeno natural substituível, como a água do rio que corre sob a ponte na direção do mar.

Em março a neve endurecida enfim derrete e, após ter secado a lama desagradável que se segue ao degelo — mais ou menos na época em que as pessoas começam a remover seus casacos pesados e rumar para o rio Charles, onde as flores de cerejeira ao longo da margem irão logo aparecer —, começo a sentir como se o palco estivesse montado, finalmente, porque a Maratona de Boston está logo ali.

Bem agora, contudo, é apenas o início de outubro. Começo a sentir que está um pouco frio demais para correr de camiseta, mas ainda é cedo demais para usar camiseta de manga comprida. Falta pouco mais de um mês para a Maratona de Nova York. Chegou a hora de diminuir a quilometragem e me livrar da exaustão que acumulei. Hora de começar a diminuir o ritmo. Não interessa quanto eu corra daqui para a frente, isso não vai me ajudar na corrida. Na verdade, pode até acabar com minhas chances.

Repassando meu registro, acho que fui capaz de me preparar para a corrida em um ritmo decente:

Junho	251 quilômetros
Julho	300 quilômetros
Agosto	350 quilômetros
Setembro	300 quilômetros

O registro forma uma bela pirâmide. A distância semanal média em junho gira em torno de cinquenta e oito quilômetros, depois, setenta quilômetros, depois, oitenta quilômetros, depois, de novo setenta quilômetros. Espero em outubro manter a mesma média de junho, cerca de cinquenta e oito quilômetros por semana.

Também comprei tênis Mizuno novos. Na City Sports, em Cambridge, experimentei todo tipo de modelos, mas acabei comprando os mesmos Mizuno com que venho praticando. São leves, e a palmilha é um pouco dura. Como sempre, leva algum tempo para eu me acostumar. Gosto do fato de que essa marca de tênis não tem nenhuma frescura extra. Isso é apenas minha preferência pessoal, nada mais. Cada pessoa tem a sua. Certa vez, quando tive oportunidade de conversar com um representante de vendas da Mizuno, ele admitiu: "Nossos tênis são meio comuns, eles não chamam a atenção. A gente prima pela qualidade, mas eles não parecem tão chamativos". Entendo o que ele quis dizer. Eles não apelam para a publicidade, não tentam criar um estilo, não se valem de slogans sonoros. Assim, para o consumidor comum, são pouco atraentes. (O Subaru do mundo dos calçados, em outras palavras.) Contudo, os solados desses tênis passam uma sensação sólida e confiável quando você corre. Em minha experiência, são parceiros excelentes para acompanhá-lo por quarenta e dois quilômetros. A qualidade dos tênis melhorou muito nos últimos anos, de modo que em determinado patamar de preço, independentemente do fabricante, não faz muita diferença. Mesmo assim, corredores detectam pequenos detalhes que distinguem um tênis do outro, e estão sempre procurando por essa vantagem psicológica.

Vou amaciar esses novos tênis, agora que só me resta um mês para a corrida.

*

A fadiga aumentou após todo esse treinamento, e parece que não consigo correr muito rápido. Enquanto troto vagarosamente ao longo do rio Charles, alunas de Harvard parecendo calouras passam por mim. A maioria dessas garotas é pequena, magra, usa um traje bordô com o símbolo de Harvard, cabelo loiro preso num rabo de cavalo e iPods novinhos em folha, e correm como o vento. Pode-se definitivamente sentir uma espécie de ar desafiador e agressivo emanando delas. Parecem estar acostumadas a ultrapassar as pessoas, e provavelmente não costumam ser ultrapassadas. Todas parecem muito cheias de vida, saudáveis, atraentes e sérias, transbordando autoconfiança. Com suas passadas largas e movimentos enérgicos, incisivos, é fácil perceber que são as típicas corredoras de média distância, inadaptadas para as corridas de longa distância. Estão mentalmente talhadas para corridas breves em alta velocidade.

Comparado a elas, estou bem acostumado a perder. Há um monte de coisas neste mundo muito além de meu alcance, um monte de oponentes que nunca poderei vencer. Nada de que se gabar, mas essas garotas provavelmente não sabem tanto quanto eu acerca de dor. E, muito naturalmente, talvez não haja necessidade de ficarem sabendo. Esses pensamentos aleatórios passam por minha cabeça conforme observo seus orgulhosos rabos de cavalo balançando de um lado para outro, suas passadas agressivas. Mantendo meu próprio ritmo vagaroso, continuo a correr ao longo do Charles.

Será que já tive dias tão luminosos assim em minha própria vida? Talvez alguns. Mas mesmo que tivesse tido um rabo de cavalo na época, duvido que ele balançaria tão orgulhosamente como fazem os dessas garotas. E minhas pernas não teriam golpeado o chão com movimentos tão destros e vigorosos como as delas. Talvez isso seja apenas o que seria de se esperar. Essas garotas são, afinal, estudantes recém-chegadas à primeira e única Universidade Harvard.

Mesmo assim, é maravilhoso observá-las correndo. Enquanto o faço, vem-me à mente um pensamento óbvio: uma geração sucede a outra. É assim que as coisas são passadas adiante neste mundo, de modo que não me sinto tão mal se sou ultrapassado por elas. Essas garotas têm seu próprio ritmo, seu próprio senso de tempo. E eu tenho meu próprio ritmo, meu próprio senso de tempo. Os dois são completamente diferentes, mas é assim que deve ser.

Quando corro de manhã ao longo do rio, geralmente encontro as mesmas pessoas ao mesmo tempo. Uma delas é uma indiana baixa que sai para caminhar. Está na casa dos sessenta, imagino, tem traços elegantes, e está sempre impecavelmente vestida. Estranhamente — embora talvez não haja nada de estranho, afinal —, ela usa uma roupa diferente a cada vez. Um dia está num elegante sári, no outro, veste um agasalho muito grande com o nome da universidade bordado. Se posso confiar em minha memória, nunca a vi usando a mesma roupa duas vezes. Esperar para ver que roupa estará vestindo é um dos pequenos prazeres que me aguardam em minha corrida matinal.

Outra pessoa que vejo todos os dias é um corpulento senhor de idade, caucasiano, que caminha vigorosamente usando uma grande joelheira ortopédica em sua perna direita. Talvez como resultado de uma contusão grave. Aquela joelheira preta, até onde sei, está lá há quatro meses. O que cargas d'água pode ter acontecido a sua perna? Seja lá o que for, não o retarda nem um pouco, e ele caminha num bom ritmo. Ele ouve música em fones de ouvido imensos e anda em silêncio e rapidamente ao longo da pista do rio.

Ontem fiquei ouvindo o *Beggars Banquet* dos Rolling Stones enquanto corria. O suingado coro de "Huu huu" em "Sympathy for the Devil" é o acompanhamento perfeito para correr. Um dia antes eu escutara o *Reptile* de Eric Clapton. Adoro esses discos. Há alguma coisa neles que pega em mim, e nunca canso de escutá-los — principalmente *Reptile*. Nada supera a canção "Reptile" numa alegre corrida matinal. Ela não é pretensiosa nem elaborada em excesso. Tem aquele ritmo constante e uma melodia inteiramente natural. Minha mente se deixa levar suavemente pela música, e meus pés correm no ritmo da batida. Às vezes, misturado com o som que vem pelos fones de ouvido, ouço alguém gritar "Olha a esquerda!", e uma bicicleta de corrida passa voando por esse lado.

Quando eu estava correndo, alguns outros pensamentos sobre escrever romances me ocorreram. Às vezes as pessoas me perguntam isto: "O senhor vive de uma forma saudável todo dia, senhor Murakami, então não acha que um dia vai descobrir que não consegue mais escrever romances?". As pessoas não dizem isso quando estou no exterior, mas muita gente no Japão parece compartilhar a opinião de que escrever é uma atividade insalubre, de que os romancistas são de certa forma uns degenerados que precisam levar uma vida desregrada a fim de escrever. Há uma visão amplamente difundida de que adotando um estilo de vida não salutar o escritor consegue se despir do mundo profano e atingir um tipo de pureza que tenha valor artístico. A ideia tomou forma durante um longo tempo. O cinema e a tevê perpetuaram essa figura estereotipada — ou, para encarar de um modo positivo, mítica — do artista.

Basicamente eu concordo com a opinião de que escrever romances seja um estilo de vida pouco saudável. Quando paramos para escrever um romance, quando usamos a escrita para criar uma história, queiramos ou não, um tipo de toxina que jaz nas profundezas de toda a humanidade sobe à superfície. Todo escritor precisa ficar cara a cara com essa toxina e, consciente do perigo envolvido, descobrir um jeito de lidar com ela, pois de outro modo nenhuma atividade criativa no sentido real pode ter lugar. (Por favor, perdoem a estranha analogia: como um baiacu *fugu*, a parte mais saborosa é a que fica perto do veneno — isso deve ser mais ou menos similar ao que estou querendo dizer.) Encare com toda positividade que quiser, mas, definitivamente, não é saudável.

Então, antes de tudo, a atividade artística compreende elementos insalubres e antissociais. Admito. É por isso que entre escritores e outros artistas há muitos cuja vida real é decadente ou que fingem ser antissociais. Posso aceitar isso. Ou melhor, não necessariamente negar o fenômeno.

Mas aqueles dentre nós que alimentam a esperança de ter uma longa carreira como escritores profissionais precisam desenvolver um sistema autoimune próprio, capaz de resistir à toxina perigosa (em alguns casos letal) que reside dentro de nós. Fazendo isso, podemos dispor eficientemente de toxinas ainda mais fortes. Em outras palavras, podemos criar narrativas ainda mais poderosas para lidar com elas. Mas é preciso um bocado de energia para criar um sistema imune e mantê-lo funcionando por um longo período. Você precisa encontrar essa energia em algum lugar, e onde mais encontrá-la senão em nosso ser físico mais básico?

Por favor, não me entenda mal; não estou querendo dizer que esse seja o único caminho correto que os escritores devem seguir. Assim como existem vários tipos de literatura, existem vários tipos de escritores, cada um com a visão própria de mundo. O que acontece é que lidam de forma diferente com suas metas. Então não existe isso de caminho correto para romancistas. É algo que nem precisaria ser dito. Mas, francamente, se quero fazer uma obra de maior abrangência, aumentar minha força e resistência é uma condição obrigatória, e creio que é algo que vale a pena ser feito, ou, pelo menos, que fazer é muito melhor do que não fazer. Esse é um comentário banal, mas, como dizem: se alguma coisa vale a pena ser feita, vale a pena que você dê seu melhor — ou em alguns casos *que vá além* do melhor.

Para lidar com algo insalubre, a pessoa tem de ser o mais saudável possível. Esse é meu lema. Em outras palavras, um espírito doente necessita de um corpo saudável. Isso pode soar paradoxal, mas é algo que senti muito claramente desde que me tornei escritor profissional. O saudável e o insalubre não são necessariamente os extremos opostos do espectro. Eles não se opõem um ao outro, mas, antes, complementam um ao outro, e em alguns casos até mesmo estão coligados. Claro que muitas pessoas que levam uma vida saudável pensam apenas em termos de boa saúde, enquanto as que sofrem com uma vida sem saúde pensam só nisso. Mas se você adere a esse tipo de visão unilateral das coisas, sua vida não será proveitosa.

Alguns escritores que na juventude compuseram obras maravilhosas, belíssimas, poderosas descobrem quando chegam a certa idade que estão tomados por um repentino cansaço. O termo *exaustão literária* é muito apropriado aqui. Seus trabalhos posteriores talvez ainda sejam bons, e seu cansaço talvez comunique um significado inerente, mas é óbvio que a energia criativa desses escritores está em declínio. Isso resulta, acredito, do fato de sua energia física não ser capaz de superar a toxina com a qual estão lidando. A vitalidade física que até o momento foi capaz de superar naturalmente a toxina ultrapassou o seu pico, e sua eficácia no sistema imune deles está enfraquecendo gradualmente. Quando isso acontece, é difícil para um escritor permanecer intuitivamente criativo. O equilíbrio entre poder de imaginação e as capacidades físicas que a sustentam se desfez. O escritor passa a empregar técnicas e métodos que cultivou ao longo do tempo, usando uma espécie de calor residual para moldar algo no que parece ser uma obra literária — um método controlado que não pode ser uma jornada muito agradável. Alguns escritores acabam com a própria vida nesse ponto, enquanto outros simplesmente desistem de escrever e tomam outro caminho.

Se possível, gostaria de evitar esse tipo de exaustão literária. Minha ideia de literatura é alguma coisa mais espontânea, mais coesiva, algo com uma espécie de vitalidade natural, positiva. Para mim, escrever um romance é como escalar uma montanha íngreme, lutando na encosta do penhasco, atingindo o cume após uma provação longa e penosa. Você supera suas limitações, ou não, uma coisa ou outra. Sempre conservo essa visão interior comigo conforme escrevo.

Desnecessário dizer, um dia você perde. Com o tempo, o corpo inevitavelmente se deteriora. Mais cedo ou mais tarde, ele é derrotado e desaparece. Quando o corpo se desintegra, o espírito também (muito provavelmente) se vai. Tenho plena consciência disso. Contudo, gostaria de postergar, pelo maior tempo que me for possível, esse momento em que minha vitalidade será derrotada e superada pela toxina. Eis meu objetivo como romancista. E, além do mais, a essa altura, não tenho tempo livre para ficar exausto. E é exatamente por isso que, mesmo que as pessoas digam "Ele não é um artista", continuo correndo.

No dia 6 de outubro darei uma palestra no MIT e, como terei de falar diante das pessoas, hoje, enquanto corro, vou praticando minha palestra (não em voz alta, é claro). Quando faço isso, não escuto música. Apenas sussurro o inglês em minha cabeça.

No Japão, raramente tenho de falar diante das pessoas. Nunca dou palestras. Em inglês, porém, já fiz diversas delas, e espero que, se a oportunidade surgir, ainda tenha muitas no futuro. É estranho, mas quando tenho de falar perante um público, considero mais confortável usar meu inglês precário do que o japonês. Acho que o motivo é que quando preciso falar seriamente sobre alguma coisa em japonês, fico subjugado pela sensação de me afogar num mar de palavras. Há um número infinito de escolhas para mim, possibilidades infinitas. Como escritor, o japonês e eu temos uma relação próxima. Então, se vou falar diante de um grupo grande e indefinido de gente, fico cada vez mais confuso e frustrado quando confrontado com o abundante oceano de palavras.

Em se tratando do japonês, gosto de me agarrar, tanto quanto possível, ao ato de me sentar sozinho diante da mesa e escrever. Nesse território conhecido da escrita posso me apropriar das palavras e do contexto de uma forma eficaz, exatamente como quero, e fazer delas algo concreto. Esse é meu trabalho, afinal. Mas uma vez que tento realmente falar sobre coisas que tinha certeza de já ter deixado claras, sinto muito nitidamente que alguma coisa — alguma coisa muito importante — escapou. E simplesmente não posso aceitar esse tipo de estranhamento desorientador.

Assim que tento conceber uma palestra em uma língua estrangeira, porém, inevitavelmente minhas escolhas e possibilidades linguísticas são limitadas: por mais que eu adore ler livros em inglês, falar em inglês não é definitivamente meu forte. Mas isso me deixa ainda mais à vontade para o discurso. Eu apenas penso: *É uma língua estrangeira, então o que você vai fazer?* Isso foi uma descoberta fascinante para mim. Naturalmente, leva um bom tempo para preparar. Antes de subir no palco tenho de memorizar uma fala de trinta ou quarenta minutos em inglês. Se você se limita a ler um discurso que escreveu, o negócio todo parece insosso para o público. Tenho de escolher palavras que sejam fáceis de pronunciar, de modo que as pessoas consigam me entender, e me lembrar de fazer o público rir e se sentir à vontade. Tenho de transmitir a quem está escutando uma percepção de quem eu sou. Mesmo que por um tempo curto, tenho de fazer o público ficar do meu lado, se quero sua atenção. E a fim de conseguir isso, preciso praticar a palestra inúmeras vezes, o que requer um bocado de esforço. Mas também tem a recompensa que vem com o novo desafio.

Correr é uma ótima atividade para fazer enquanto se memoriza uma fala. Conforme, quase inconscientemente, movo minhas pernas, alinho as palavras em ordem na cabeça. Meço o ritmo das sentenças, o modo como soam. Com a mente distante, sou capaz de correr por um longo período, mantendo uma velocidade natural que não me cansa. Às vezes, quando estou praticando uma palestra em minha cabeça, me pego fazendo todo tipo de gesto e expressão facial, e as pessoas que passam por mim na direção oposta me lançam um olhar estranho.

Hoje, quando estava correndo, vi um inchado ganso canadense morto à beira do Charles. Um esquilo morto, também, caído perto de uma árvore. Os dois pareciam dormir profundamente, mas estavam mortos. Suas expressões eram calmas, como se houvessem aceitado o fim da vida, como se houvessem finalmente se libertado. Perto da casa de barcos junto ao rio havia um sem-teto usando várias camadas de roupas imundas. Ele empurrava um carrinho de supermercado e cantava "America the Beautiful". Se de coração ou apenas como uma profunda ironia, não sei dizer.

Em todo caso, o calendário mudou e outubro chegou. Antes que eu me desse conta, mais um mês se fora. E uma estação muito dura estava logo ali.

Seis

23 DE JUNHO DE 1996 — LAGO SAROMA, HOKKAIDO

**Ninguém mais dava murros na mesa,
ninguém atirava suas taças**

Você já correu cem quilômetros num dia só? A vasta maioria das pessoas no mundo (as que batem bem da cabeça, eu diria) nunca passou por essa experiência. Nenhuma pessoa normal faria algo tão temerário. Mas eu fiz, uma vez. Completei uma corrida que ia da manhã até a noite, e cobri os cem quilômetros. Foi fisicamente exaustivo, como você pode imaginar, e por algum tempo depois disso jurei que nunca mais ia correr. Duvido que venha a tentar mais uma vez, mas ninguém sabe o que o futuro nos reserva. Talvez, algum dia, tendo esquecido minha lição, eu assuma o desafio de uma ultramaratona outra vez. É preciso esperar pelo amanhã para descobrir o que ele vai trazer.

Seja como for, quando penso naquela corrida hoje em dia, posso perceber que significou muita coisa para mim como corredor. Não sei dizer que tipo de significado geral correr cem quilômetros possui, mas como uma ação que se desvia do comum sem contudo violar valores básicos, é de se esperar que lhe proporcione um tipo especial de autoconsciência. Deve acrescentar uns poucos elementos novos em seu inventário para compreender quem você é. E, como resultado, sua visão da sua vida, suas cores e forma, deve se transformar. Mais ou menos, para melhor ou para pior, isso aconteceu comigo, e fui transformado.

O que segue é baseado em um esboço que escrevi alguns dias depois da corrida, antes de esquecer os detalhes.

Quando li essas anotações dez anos mais tarde, todos os pensamentos e sentimentos que tive naquele dia me voltaram com a maior nitidez. Acho que ler isso lhe dará uma ideia geral sobre o que essa árdua corrida me proporcionou, não só as coisas boas como também as não tão boas assim. Ou talvez você me diga simplesmente que não dá para entender.

A ultramaratona de cem quilômetros acontece todo ano no lago Saroma, em junho, em Hokkaido. O resto do Japão está na temporada das chuvas nessa época, mas Hokkaido é muito ao norte. O início do verão em Hokkaido é um período do ano muito agradável, embora, mais ao norte, onde fica o lago Saroma, o calor do verão ainda esteja alguns dias distante. No começo da manhã, quando a corrida tem início, ainda está gelado, e você precisa usar roupas pesadas. À medida que o sol fica mais alto no céu, você gradualmente se aquece, e os corredores, como insetos passando por uma metamorfose, deixam cair uma camada de roupa após outra. Perto do fim da corrida, embora eu ainda estivesse de luvas, me despira até ficar só de regata, o que me deixou com bastante frio. Se chovesse, eu teria realmente ficado gelado, mas, felizmente, apesar da nuvem permanente no céu, não caiu uma gota de chuva.

Os corredores contornam as margens do lago Saroma, que fica diante do mar de Okhotsk. Somente depois que faz esse percurso de fato você se dá conta de quão estupidamente imenso é o lago Saroma. Yuubetsu, uma cidade no lado oeste do lago, é o ponto de partida, e a linha final fica em Tokoro-cho (hoje rebatizada de Kitami), no lado leste. A última parte da corrida serpenteia através do Jardim de Flores Naturais Wakka, um extenso, longo e estreito viveiro natural que fica de frente para o mar. O percurso — presumindo-se que você possa se dar ao luxo de admirar a vista — é magnífico. Eles não controlam o tráfego ao longo do trajeto, mas como não há muitos carros, nem pessoas, não há realmente necessidade disso. Ao lado da estrada vacas pastam preguiçosamente. Seu interesse nos corredores é zero. Estão ocupadas demais comendo grama para se incomodar com essas pessoas esquisitas e suas atividades sem sentido. E os corredores, de sua parte, tampouco têm tempo de prestar atenção no que as vacas estão fazendo. Depois de quarenta e dois quilômetros há um checkpoint a cada dez quilômetros e, se você excede o tempo limite quando passa, é automaticamente desclassificado. Eles são muito rígidos quanto a isso, e todo ano um monte de corredores é desclassificado. Após ter viajado de tão longe até a região mais ao norte do Japão para correr aqui, sem dúvida não quero ser eliminado na metade do caminho. Aconteça o que acontecer, estou determinado a superar os tempos máximos assinalados.

Essa corrida é uma das ultramaratonas pioneiras do Japão, e o evento todo é organizado de maneira tranquila e eficiente por pessoas que vivem na região. É um evento agradável do qual participar.

Não tenho muito a dizer sobre a primeira parte da corrida, até a estação de descanso no quilômetro cinquenta e cinco. Apenas continuei correndo, em silêncio. Não parecia muito diferente de uma corrida matinal de domingo, um pouco mais longa. Calculei que se eu pudesse manter uma velocidade de trote de seis minutos a cada quilômetro, conseguiria terminar em dez horas. Acrescentando tempo para descansar e comer, eu esperava terminar em menos de onze horas. (Mais tarde descobri como havia sido otimista.)

Na marca de 42.195 metros há uma placa que diz "Esta é a distância de uma maratona". Há uma linha branca pintada no concreto indicando o ponto exato. Exagero só um pouco quando digo que no momento em que ultrapassei a linha um pequeno tremor percorreu meu corpo, pois essa foi a primeira vez na vida que corri mais do que uma maratona. Para mim, aquilo era o estreito de Gibraltar, além do qual estava um oceano desconhecido. O que ficava além disso, que criaturas desconhecidas viviam ali, eu não fazia ideia. A meu próprio modo mais modesto, senti o mesmo medo que os antigos marinheiros devem ter sentido.

Após ter passado esse ponto, e me aproximar do quilômetro cinquenta, senti uma ligeira mudança física, como se os músculos de minhas pernas começassem a se contrair. Eu sentia fome e sede, também. Havia dito a mim mesmo que deveria lembrar de beber água em todos os postos de hidratação, estivesse ou não com sede, mas, mesmo assim, como um destino infeliz, como a rainha da noite com seu coração negro, a sede continuava a me perseguir. Senti um pouco de preocupação. Se percorrendo apenas metade da corrida eu me sentia daquele jeito, como seria capaz de completar os cem quilômetros?

Na parada de descanso do quilômetro cinquenta e cinco, troquei de roupa e comi um pequeno lanche que minha esposa havia preparado. Agora que o sol ficava mais alto, a temperatura subia, de modo que tirei o agasalho térmico e vesti uma regata e shorts de corrida. Troquei meus tênis de ultramaratona New Balance (existem mesmo coisas assim no mundo) do tamanho oito para o oito e meio.* Meus pés haviam começado a inchar, então eu precisava calçar tênis um pouco maiores. O céu permaneceu o tempo todo nublado, o sol encoberto por nuvens, de modo que decidi tirar o boné, que eu estava usando para me proteger do sol. Eu o usava também para manter a cabeça aquecida, caso chovesse, mas a essa altura parecia que não ia mesmo chover. Não estava nem quente demais, nem frio demais, as condições ideais para uma corrida de longa distância. Eu havia ingerido dois pacotes de gel de carboidrato, tomado um pouco d'água e comido um pão com manteiga e um cookie. Alonguei cuidadosamente no gramado e borrifei as panturrilhas com um spray anti-inflamatório. Lavei o rosto, limpei o suor e a sujeira e fui ao banheiro.

Devo ter parado dez minutos ou algo assim, mas em nenhum momento me sentei. Se sentasse, achava eu, jamais teria sido capaz de me levantar e voltar a correr.

"Você está bem?", me perguntaram.

"Tudo bem", respondi simplesmente. Foi tudo que pude dizer.

---

* Medidas próximas do nosso 39. (N. do T.)

Depois de beber água e me alongar, pus o pé na estrada outra vez. Agora era correr sem parar até a linha de chegada. Assim que comecei a me movimentar novamente, porém, percebi que havia alguma coisa errada. Meus músculos da perna haviam se enrijecido como um pedaço de borracha velha. Minhas reservas de força estavam muito boas, e minha respiração estava regular, mas minhas pernas tinham suas próprias ideias. Meu desejo de correr era imenso, mas minhas pernas não compartilhavam da mesma opinião que eu.

Desisti de prestar atenção nas pernas desobedientes e comecei a me concentrar na parte superior do corpo. Eu agitava os braços em gestos amplos conforme corria, fazendo meu tronco gingar e transmitindo a força cinética para a metade inferior do corpo. Usando essa energia, consegui fazer as pernas se movimentarem (depois da corrida, contudo, meus pulsos ficaram inchados). Naturalmente, só dá para avançar no ritmo de uma lesma, correndo desse jeito, de um modo não muito diferente de uma caminhada acelerada. Mas por mais lentamente que fosse, como que atinando com qual era sua tarefa, ou talvez como que se resignando com seu destino, os músculos das minhas pernas começaram a trabalhar normalmente e consegui correr quase no mesmo ritmo de sempre. Viva.

Mesmo com as pernas funcionando, os vinte quilômetros entre a parada de descanso no quilômetro cinquenta e cinco e o quilômetro setenta e cinco foram excruciantes. Eu me sentia como um pedaço de carne passando pelo moedor. Tinha a vontade de seguir adiante, mas agora meu corpo todo se rebelava. Eu me sentia como um carro tentando subir uma ladeira com o freio de mão puxado. Meu corpo parecia que começaria a se desmanchar para dali a pouco se desfazer completamente. Sem óleo, os pinos começando a soltar, as engrenagens girando em falso, eu perdia aceleração rapidamente, enquanto um corredor depois do outro me ultrapassava. Uma senhora minúscula de uns setenta anos ou algo assim passou por mim e gritou: "Aguenta firme!". Achamos um homem com vida. O que ia acontecer pelo resto do caminho? Havia ainda quarenta quilômetros pela frente.

Enquanto eu corria, diferentes partes do meu corpo, uma após a outra, começaram a doer. Primeiro minha coxa direita doeu como louca, depois a dor migrou para meu joelho direito, depois para a coxa esquerda, e assim por diante. Todas as partes do meu corpo tiveram chance de subir ao centro do palco e fazer suas queixas de forma estridente. Elas berravam, choramingavam, gritavam de aflição, e avisaram-me que não iriam mais aturar aquilo. Para elas, correr cem quilômetros era uma experiência desconhecida, e cada parte do corpo tinha sua própria desculpa. Eu compreendia plenamente, mas tudo que eu queria era que ficassem quietas e continuassem a correr. Como um eloquente Danton ou Robespierre tentando persuadir o Tribunal Revolucionário insatisfeito e rebelde, eu tentava convencer cada parte do corpo a mostrar um pouco de cooperação. Eu dizia palavras de encorajamento, abraçava-as, bajulava-as, ralhava com elas, tentava incitá-las a prosseguir. *Só mais um pouquinho, pessoal. Não vamos desistir agora.* Mas se você pensar bem — e eu pensei —, Danton e Robespierre tiveram suas cabeças cortadas.

No fim, usando cada truque do manual, dei um jeito de cerrar os dentes e vencer os vinte quilômetros restantes de puro tormento.

Não sou humano. Sou uma máquina. Não preciso sentir coisa alguma. Apenas seguir em frente.

Isso era o que eu dizia a mim mesmo. Isso era só no que eu pensava, e isso foi o que me fez ir até o fim. Se eu fosse uma pessoa de carne e osso, teria desmaiado de dor. Havia definitivamente um ser chamado *eu* ali presente. E acompanhando-o está uma consciência que é o em si. Mas, nesse ponto, tive de me forçar a pensar que ambos eram formas convenientes, e nada mais. É uma forma estranha de pensar e, definitivamente, um sentimento bastante estranho — a consciência tentando negar a consciência. Você tem de se forçar a ocupar um lugar inorgânico. Instintivamente, eu percebi que era o único modo de sobreviver.

Não sou humano. Sou uma máquina. Não preciso sentir coisa alguma. Apenas seguir em frente.

Eu repito isso como um mantra. Uma repetição literal, mecânica. E tento o máximo que posso reduzir o mundo sensível aos parâmetros mais estreitos. Tudo que posso ver é o chão três metros adiante, nada além. Todo o meu mundo consiste no chão três metros adiante. Não há necessidade de pensar além disso. O céu e o vento, a grama, as vacas mastigando a grama, os espectadores, gritos de incentivo, lago, romances, realidade, passado, memória — tudo isso nada significa para mim. Apenas conseguir superar os três metros seguintes — *essa* minha minúscula razão para viver enquanto ser humano. Não, desculpe — enquanto *máquina*.

De cinco em cinco quilômetros eu paro e bebo água em uma estação de água. Toda vez que paro alongo rapidamente. Meus músculos estão endurecidos como um pão amanhecido de uma semana. Não consigo acreditar que sejam de fato meus músculos. Em uma parada de descanso há *umbeboshi*, uma espécie de picles de ameixa, e eu como um. Nunca pensei que uma ameixa em conserva pudesse ter um gosto tão bom. O sal e o sabor amargo se espalham por minha boca e penetram por todo o meu corpo.

Em vez de me forçar a correr, talvez fosse mais sensato caminhar. Um monte de outros corredores está fazendo exatamente isso. Dando um repouso para as pernas enquanto andam. Mas eu não caminho um único passo. Parei demais para alongar, mas em nenhum momento caminhei. Não vim aqui para caminhar. Vim aqui para correr. Eis o motivo — o único motivo — para eu ter viajado tão longe, no extremo mais ao norte do Japão. Não importa quão devagar eu pudesse correr, nunca cheguei perto de caminhar. Essa era a regra. Se eu quebrasse uma de minhas regras uma vez, poderia quebrar muitas mais. E se eu fizesse isso, teria sido quase impossível terminar essa corrida.

Enquanto eu aguentava tudo isso, perto do quilômetro setenta e cinco senti como se estivesse atravessando algo. Foi assim que me senti. *Atravessando* é o único modo que consigo expressar. Como se meu corpo tivesse passado incólume através de um muro de pedra. Em que exato momento senti que havia conseguido, não posso me lembrar, mas de repente notei que estava do outro lado. Eu me convenci de que havia conseguido. Não sei como é a lógica do processo ou o método envolvido — simplesmente fiquei convencido da realidade de que *atravessara* algo.

Depois disso, não precisei mais pensar. Ou, mais precisamente, não havia necessidade de tentar pensar conscientemente em não pensar. Tudo que eu tinha a fazer era seguir com o fluxo e chegar no automático. Se me entregasse a isso, alguma espécie de poder me impeliria naturalmente adiante.

Claro que correr uma distância dessas é exaustivo. Mas nessa altura estar cansado não era um grande problema. Nesse ponto, exaustão passou a ser o status quo. Meus músculos não eram mais um alvoroçado Tribunal Revolucionário e aparentemente haviam desistido de se queixar. Ninguém mais dava murros na mesa, ninguém atirava suas taças. Meus músculos aceitaram silenciosamente essa exaustão como uma inevitabilidade histórica, um desenlace inelutável da revolução. Eu fora transformado em um ser no piloto automático, cujo único propósito era balançar os braços ritmicamente para a frente e para trás, mover as pernas adiante, uma de cada vez. Eu não pensava em mais nada. Não sentia nada. Percebi de repente que até mesmo a dor física sumira completamente. Ou talvez tivesse sido empurrada para algum canto, como uma peça de mobília muito feia da qual você quer se livrar.

Nesse estado, após eu ter *atravessado* essa barreira invisível, comecei a ultrapassar uma série de outros corredores. Logo depois de eu ter cruzado o checkpoint perto do quilômetro setenta e cinco, ao qual você tem de chegar em pelo menos oito horas e quarenta e cinco minutos para não ser desqualificado, muitos outros corredores, ao contrário de mim, começaram a diminuir o passo, alguns desistindo por completo de correr e começando a caminhar. Desse ponto até a linha de chegada devo ter ultrapassado cerca de duzentas pessoas. Pelo menos contei mais de duzentas. Apenas uma ou duas vezes alguém me ultrapassou. Pude contar o número de corredores que eu ultrapassei porque eu não tinha mais nada para fazer. Estava no meio de uma profunda exaustão que eu aceitava totalmente, e a realidade era que eu me sentia capaz de continuar a correr, e para mim não havia outra coisa que eu pudesse pedir no mundo.

Como estava no piloto automático, se alguém me dissesse para continuar a correr talvez eu fosse além dos cem quilômetros. É estranho, mas no fim eu mal sabia quem eu era ou o que estava fazendo. Isso deveria ser uma sensação muito alarmante, mas não foi assim que me senti. Nessa altura, correr adentrara o território da metafísica. Primeiro vinha a ação de correr, e acompanhando-a estava essa entidade conhecida como eu. Corro, logo existo.

E essa sensação se tornou particularmente forte quando entrei na última parte do percurso, o Jardim de Flores Naturais, na longuíssima península. É uma espécie de trecho meditativo, contemplativo. O cenário ao longo da costa é lindo, e o cheiro do mar de Okhotsk invadia minhas narinas. A noite se aproximava (começáramos cedo pela manhã) e o ar exibia uma claridade especial. Eu conseguia sentir o cheiro também da grama fofa do início do verão. Vi algumas raposas, ainda, reunidas em um campo. Olhavam para nós corredores com curiosidade. Nuvens densas, ameaçadoras, como algo saído de uma pintura de paisagem inglesa do século XIX, cobriam o céu. Não havia vento algum. Muitos dos outros corredores em torno de mim apenas se arrastavam em silêncio rumo à linha de chegada. Estar entre eles me proporcionou uma tranquila sensação de felicidade. Inspirar, expirar. Meu fôlego não parecia nem um pouco irregular. O ar calmamente entrava e saía de meus pulmões. Meu coração silencioso se expandia e contraía, vez após outra, num ritmo estável. Como o fole de um ferreiro, meus fiéis pulmões distribuíam oxigênio fresco pelo meu corpo. Dava para sentir todos aqueles órgãos trabalhando, e distinguir cada som que faziam. Tudo funcionava às mil maravilhas. As pessoas na beira da pista nos saudavam, dizendo: "Aguenta aí! Já estão quase chegando!". Como o ar cristalino, seus gritos me penetravam direto. Suas vozes passavam direto através de mim para o outro lado.

Eu sou eu, *e ao mesmo tempo* não *sou eu.* Era assim que eu me sentia. Uma sensação muito tranquila, calma. A mente não era tão importante. Claro, como romancista, sei que minha mente é fundamental para fazer meu trabalho. Tire minha mente, e nunca mais vou escrever uma história original outra vez. Mesmo assim, a essa altura eu não sentia que minha mente era importante. A mente simplesmente não era grande coisa.

Em geral, quando me aproximo do fim de uma maratona, tudo que quero fazer é acabar logo com tudo, e cruzar a linha de chegada o quanto antes. É só no que penso. Mas conforme me aproximava do fim da ultramaratona, não estava de fato pensando sobre isso. O fim da corrida é apenas um marcador temporário sem muito significado. O mesmo se dá com nossas vidas. Só porque tem um fim, não quer dizer que a existência tenha significado. Um ponto final está simplesmente determinado como um marcador temporário, ou talvez como uma metáfora indireta para a natureza fugaz da existência. É muito filosófico — não que a essa altura eu estivesse pensando quão filosófico era. Eu apenas vagamente vivenciei a ideia, não com palavras, mas como uma sensação física.

Mesmo assim, quando cruzei a linha de chegada em Tokorocho, me senti muito feliz. Sempre fico feliz quando passo a linha de chegada numa corrida de longa distância, mas dessa vez a sensação foi realmente forte. Soquei o ar com o punho direito. A hora era 16h42. Onze horas e quarenta e dois minutos desde o início da corrida.

Pela primeira vez nesse dia eu me sentei e enxuguei o suor, bebi um pouco d'água, tirei os tênis e, conforme o sol descia, cuidadosamente alonguei os tornozelos. Nesse momento, um novo sentimento começou a brotar dentro de mim — nada tão profundo como um sentimento de orgulho, mas ao menos uma sensação de dever cumprido. Um sentimento pessoal de felicidade e alívio por ter aceitado fazer uma coisa arriscada e mesmo assim ter encontrado forças para superá-la. Nesse caso, o alívio sobrepujou a felicidade. Era como se um nó cego dentro de mim estivesse gradualmente se afrouxando, um nó de que eu nem sequer me dera conta, até então, de estar ali.

Logo após essa corrida no lago Saroma, achei difícil descer escadas. Minhas pernas tremiam e eu não conseguia sustentar o corpo muito bem, como se meus joelhos estivessem prestes a ceder. Eu tinha de me apoiar no corrimão para descer os degraus. Depois de alguns dias, porém, minhas pernas se recuperaram, e pude subir e descer escadas como sempre. Não há dúvida de que ao longo de todos esses anos minhas pernas se acostumaram às corridas de longa distância. O verdadeiro problema, como mencionei antes, foram minhas mãos. A fim de compensar os músculos da perna fatigados, eu sacudira vigorosamente as mãos para a frente e para trás. Um dia depois da prova, meu pulso direito começou a doer, ficou vermelho e inchou. Eu já havia corrido diversas maratonas, mas essa foi a primeira vez que meus braços, não minhas pernas, pagaram o maior preço.

Mesmo assim, o efeito colateral mais significativo de correr a ultramaratona não foi físico, mas mental. Eu terminei com uma sensação de letargia e, antes que me desse conta, me senti coberto por uma fina película, algo que desde então batizei de *runner's blues*. (Embora a verdadeira sensação disso estivesse mais próxima de um branco leitoso.)* Após a ultramaratona perdi o entusiasmo que sempre sentira pelo ato de correr em si mesmo. A fadiga era um fator, mas não o único motivo. O desejo de correr não estava tão nítido quanto antes. Não sei por quê, mas era inegável: alguma coisa acontecera comigo. Depois disso, a quantidade de vezes que corri, para não mencionar as distâncias percorridas, declinou perceptivelmente.

Depois, continuei a seguir meu programa usual de correr uma maratona completa todo ano. Não dá para ter-

---

* *Blues*: melancolia, mas também azul. (N. do T.)

minar uma maratona se você não está empenhado de corpo e alma na coisa, então fiz um trabalho suficientemente decente em termos de treinamento, e fiz um trabalho suficientemente decente em termos de terminar as corridas. Mas isso nunca foi além do nível de *trabalho suficientemente decente*. É como se o fato de ter soltado aquele nó que eu nunca notara antes houvesse feito meu interesse afrouxar junto. Não era apenas que meu interesse em correr diminuíra. Ao mesmo tempo em que eu perdera algo, algo novo também se enraizara profundamente em mim como corredor. E muito provavelmente o processo de uma coisa saindo enquanto outra chegava produziu aquele incomum *runner's blues*.

E o que era essa coisa nova dentro de mim? Não consigo achar as palavras exatas para descrever, mas talvez seja alguma coisa próxima à resignação. Para exagerar um pouco, era como se, ao completar a corrida de cem quilômetros, eu estivesse pisando em um *lugar diferente*. Depois que minha fadiga desapareceu, em algum momento após o septuagésimo quinto quilômetro, minha mente mergulhou num estado vazio que se poderia até chamar de filosófico ou religioso. Alguma coisa me impelia a ser mais introspectivo, e essa recém-descoberta introspecção transformou minha atitude quanto ao ato de correr. Talvez eu não tivesse mais a postura simples, positiva, que costumava ter, de querer correr a qualquer custo.

Não sei, talvez eu esteja fazendo tempestade em copo d'água. Talvez eu apenas tenha corrido demais e ficado cansado. Além do mais, já estava chegando à casa dos cinquenta, e me via perante algumas barreiras físicas inevitáveis para uma pessoa de minha idade. Talvez fosse só uma questão de ajustar contas com o fato de que eu ultrapassara meu auge, fisicamente. Ou talvez eu estivesse atravessando uma depressão ocasionada por algum vago problema masculino equivalente à menopausa. Talvez todos esses fatores variados houvessem se combinado em um misterioso coquetel dentro de mim. Como a pessoa envolvida nisso, é difícil para mim fazer uma análise objetiva. Fosse o que fosse, *runner's blues* foi o nome que dei.

Mas vejam bem, completar a ultramaratona me deixou extremamente feliz e me proporcionou certa dose de confiança. Até hoje, estou satisfeito por ter participado da corrida. Mesmo assim, tive de lidar de algum modo com esses efeitos secundários. Por um longo tempo depois disso afundei nessa depressão — não quero dar a entender que eu detivesse algum tremendo recorde, antes de mais nada, mas mesmo assim. Toda vez que eu corria uma maratona, meu tempo sempre caía um pouco. Praticar e correr haviam se tornado apenas meras formalidades a serem cumpridas, e não mexiam comigo do jeito que costumavam mexer. A quantidade de adrenalina que eu produzia no dia da corrida também descera um degrau. Por causa disso, acabei mudando meu foco das maratonas para o triatlo e fiquei cada vez mais entusiasmado em jogar squash na academia. Meu estilo de vida gradualmente mudou, e eu não considerava mais correr o centro de tudo. Em outras palavras, um hiato mental começou a se desenvolver entre mim e a corrida. Igualzinho a quando você perde aquele sentimento louco inicial de quando se apaixona.

Hoje sinto que estou finalmente dando adeus à bruma do *runner's blue* que me envolveu por tanto tempo. Não que eu tenha me livrado dela por completo, mas posso sentir alguma coisa começando a se agitar. De manhã, quando amarro os tênis de corrida, consigo captar um traço tênue de algo no ar, e dentro de mim. Quero cuidar muito bem desse jovem broto. Exatamente do jeito como, quando não quero ir na direção errada — ou deixar de escutar um som, ou deixar de ver uma paisagem —, me concentro no que está acontecendo com meu corpo.

Pela primeira vez em muito tempo, sinto-me contente por correr todo dia como preparativo para a maratona seguinte. Abri um novo caderno de anotações, abri um novo vidro de nanquim e estou escrevendo algo novo. Por que me sinto tão generoso quanto a correr, agora, é algo que não consigo explicar logicamente. Talvez meu regresso a Cambridge e às margens do rio Charles tenha reavivado antigas sensações. Talvez os sentimentos afetuosos que nutro em relação a esse lugar tenham mexido com lembranças daqueles dias em que correr ocupava o centro da minha vida. Ou talvez isso seja simplesmente uma questão de passagem do tempo. Quem sabe eu apenas tenha de passar por um inevitável ajuste interno, e o período necessário para que isso ocorra esteja enfim se aproximando de um desfecho.

Como suspeito que seja o caso com muita gente que vive da escrita, enquanto escrevo penso em todo tipo de coisa. Não necessariamente ponho no papel o que estou pensando; é só que, enquanto escrevo, penso sobre as coisas. Enquanto escrevo, ordeno meus pensamentos. E reescrever e revisar conduz meus pensamentos por caminhos ainda mais profundos. Por mais que escreva, contudo, nunca chego a uma conclusão. E por mais que eu reescreva, nunca atinjo um destino. Mesmo após décadas escrevendo, a mesma coisa permanece verdadeira. Tudo que faço é apresentar umas poucas hipóteses ou parafrasear o assunto. Ou encontrar uma analogia entre a estrutura do problema e alguma outra coisa.

Para dizer a verdade, não compreendo realmente as causas por trás de meu *runner's blues*. Ou por que agora está começando a sumir. É cedo demais para explicar isso direito. Talvez a única coisa definitiva que eu possa dizer a respeito é o seguinte: é a vida. Talvez a única coisa que possamos fazer seja aceitar, sem realmente saber o que está acontecendo. Como os impostos, o vaivém das marés, a morte de John Lennon, decisões erradas dos juízes na Copa do Mundo.

Em todo caso, tenho a nítida sensação de que o tempo completou um círculo, que um ciclo foi encerrado. O ato de correr voltou como uma parte feliz e necessária de minha vida diária. E nos últimos tempos tenho corrido constantemente, dia após dia. Não mais como se fosse uma repetição mecânica, ou como uma cerimônia prescrita. Meu corpo sente um desejo natural de ir para a rua e correr, exatamente como quando estou desidratado e sonho com o suco de uma fruta fresca. Estou ansioso agora pela Maratona de Nova York, em 6 de novembro, para ver até onde vou apreciar a corrida, qual será meu grau de satisfação com ela, e como vou me sair.

Não me importo com o tempo que faço. Por mais que tente, duvido que um dia serei capaz de correr como estava acostumado. Estou preparado para aceitar esse fato. Não é uma das realidades mais felizes, mas é o que acontece quando você fica mais velho. Assim como tenho meu próprio papel a desempenhar, igualmente há o tempo. E o tempo executa seu serviço de um modo muito mais confiável, muito mais preciso, do que eu jamais conseguirei. Desde que o tempo teve início (me pergunto quando foi isso), vem se movendo adiante sem uma pausa para descansar. E um dos privilégios concedidos àqueles que evitaram morrer jovens é o direito abençoado de ficarem velhos. A honra do declínio físico está esperando, e você precisa se acostumar com essa realidade.

Competir contra o tempo não é importante. O que promete ser muito mais significativo para mim hoje é o quanto posso me divertir, se consigo terminar os quarenta e dois quilômetros com um sentimento de contentamento. Apreciarei e valorizarei coisas que não podem ser expressas em números, e tentarei capturar um sentimento de orgulho que deriva de estar em um *lugar ligeiramente diferente.*

Não sou um jovem concentrado totalmente em quebrar recordes, tampouco uma máquina inorgânica que realiza movimentos. Sou nada mais, nada menos, que um (mais para honesto) escritor profissional que conhece seus limites, que quer aproveitar suas capacidades e vitalidade pelo maior tempo possível.

Mais um mês até a Maratona de Nova York.

Sete

30 DE OUTUBRO DE 2005 — CAMBRIDGE, MASSACHUSETTS

Outono em Nova York

Como que a lamentar a derrota do Boston Red Sox nos play-offs (eles perderam todos os jogos em uma série Sox vs. Sox com Chicago), durante dez dias depois disso uma chuva fria caiu sobre a Nova Inglaterra. Uma longa chuva de outono. Às vezes chovia pesado, às vezes suavemente; às vezes, arrefecia por algum tempo, como que pensando duas vezes, mas nem uma vez sequer o céu limpou. Do início ao fim ele permaneceu coberto com as densas nuvens cinzentas peculiares a essa região. Como uma pessoa ociosa, a chuva continuou por um longo tempo, até que finalmente se decidiu e desabou num aguaceiro. Cidades de New Hampshire a Massachusetts sofreram prejuízos com a chuva, e a rodovia principal ficou interrompida em vários pontos. (Por favor, entendam que não estou culpando os Red Sox por tudo isso.) Eu tinha algum trabalho a fazer em uma faculdade do Maine, e tudo que consigo lembrar da viagem foi de dirigir debaixo da chuva melancólica. A não ser pela metade do inverno, viajar por essa região geralmente é gostoso, mas infelizmente minha viagem dessa vez não foi agradável. Tarde demais para o verão, cedo demais para as cores de outono. Chovia canivete e, para completar, o limpador do para-brisa do meu carro alugado estava bancando o desobediente, e quando cheguei a Cambridge, tarde da noite, estava exausto.

*

No domingo, 9 de outubro, corri de manhã bem cedo, e continuava a chover. Essa era uma meia maratona realizada todo ano nessa época pela Boston Athletic Association, a mesma organização que realiza a Maratona de Boston na primavera. O trajeto começa no campo Roberto Clemente, próximo ao parque Fenway, passa pelo lago Jamaica, depois serpenteia por dentro do zoológico Franklin e termina no mesmo ponto onde começou. Nesse ano cerca de 4500 pessoas participaram.

Faço essa corrida como uma espécie de aquecimento para a Maratona de Nova York, de modo que uso apenas cerca de 80% da potência, disparando de fato somente nos últimos três quilômetros. Mas é muito difícil não dar tudo que você pode numa corrida, tentar segurar um pouco. Estar cercado por outros corredores tende a exercer uma influência em você. É muito divertido, afinal, ver-se com tantos colegas corredores quando é dado o sinal de partida, *Já!*, e antes que você se dê conta, o velho instinto competitivo sobe à sua cabeça. Dessa vez, porém, tentei ao máximo suprimi-lo e manter a frieza: *Preciso poupar minha energia, assim posso levá-la como bagagem de mão quando embarcar no avião para Nova York.*

Meu tempo foi uma hora e cinquenta e cinco minutos. Não tão ruim, e mais ou menos dentro do que eu esperava. Nos últimos quilômetros eu disparei, passando cerca de cem corredores e cruzando a linha de chegada com energia de sobra. Os outros corredores em volta de mim eram na maioria caucasianos, principalmente um monte de mulheres. Por algum motivo, não havia muitas minorias correndo. Era uma manhã fria de domingo, com um chuvisco muito fino caindo o tempo todo. Mas, ao pregar um número nas costas e escutar a respiração dos outros corredores conforme seguíamos pela pista, um pensamento me veio à mente: *A temporada de corridas começou.* A adrenalina percorreu meu corpo. Em geral eu corro sozinho, de modo que essa corrida era um bom estímulo. Fiquei com uma percepção bastante boa do ritmo que deveria manter na maratona no mês seguinte. Quanto ao que acontecerá na segunda metade dessa corrida, terei de esperar para ver.

Quando estou treinando, normalmente corro a extensão de uma meia maratona, e muitas vezes vou bem mais além, de modo que essa corrida de Boston pareceu terminar antes de começar. *Só isso?*, perguntei a mim mesmo. Mas era uma coisa boa, já que, se uma meia maratona me cansasse, uma maratona completa seria um inferno.

A chuva continuou indo e vindo por algum tempo, e durante esse período tive de fazer uma viagem de trabalho, de modo que não pude correr tanto quanto gostaria. Mas com a Maratona de Nova York se aproximando rapidamente, não era de fato um problema se eu não conseguisse correr. Na verdade, o repouso era vantajoso. O problema é que, mesmo sabendo que devo fazer uma pausa e descansar, com a aproximação de uma corrida eu me empolgo e acabo correndo, de qualquer jeito. Se está chovendo, porém, eu desisto com bastante facilidade. Suponho que seja o lado bom de chover tanto.

Mesmo sem eu praticar com frequência, meu joelho começou a doer. Como a maioria dos problemas na vida, isso veio de repente, sem qualquer aviso. Na manhã de 17 de outubro, comecei a descer a escada de nosso prédio, e meu joelho direito subitamente dobrou. Quando eu o mexia numa determinada direção, a rótula doía de um jeito peculiar, um pouco diferente de uma dor rotineira. A certa altura, comecei a sentir falta de firmeza e não conseguia jogar peso algum sobre ele. É a isso que as pessoas se referem quando falam de joelhos bambos. Eu tinha de me segurar no corrimão para descer uma escada.

Eu estava exausto de tanto treino pesado, e muito provavelmente a queda súbita na temperatura trazia isso à tona. O calor do verão continuava presente no início de outubro, mas o período de uma semana de chuva prenunciara rapidamente a chegada do outono à Nova Inglaterra. Até bem pouco antes eu estivera usando meu ar-condicionado, mas agora uma brisa gelada soprava através da cidade, e dava para ver os sinais do outono tardio por toda parte. Tive de procurar apressado alguns suéteres na gaveta da cômoda. Até mesmo a cara dos esquilos parecia diferente enquanto corriam juntando comida. Meu corpo tende a enfrentar problemas durante essas transições de uma estação para outra, algo que nunca acontecia quando eu era novo. O principal problema é quando fica frio e úmido.

Se você é um corredor de longa distância que treina pesado todos os dias, os joelhos são seu ponto fraco. Toda vez que seu pé encosta no chão quando você corre, é um choque equivalente a três vezes o seu peso, e isso se repete talvez umas dez mil vezes por dia. Com a superfície dura de concreto da rua indo de encontro a essa ridícula quantidade de peso (levando em consideração que haja o amortecimento dos tênis entre uma coisa e outra), seus joelhos silenciosamente suportam todo esse martelar incessante. Se pensar a respeito (e admito que é uma coisa em que normalmente não penso), seria estranho se você *não* tivesse um problema com os joelhos. É de esperar que os joelhos se queixem de vez em quando, que apareçam com um comentário do tipo "Esbaforir-se pelas ruas afora está perfeitamente bem, mas que tal prestar um pouco de atenção em nós de vez em quando? Não esqueça que, se dermos problema, não poderemos ser substituídos".

Quando foi a última vez que pensei seriamente em meus joelhos? Refletindo sobre isso, comecei a sentir um pouco de remorso. Eles têm toda razão. Você pode substituir seu fôlego quantas vezes quiser, mas não seus joelhos. Estes são os únicos joelhos que terei, então é melhor cuidar bem deles.

Como já disse antes, tenho sido afortunado como corredor por nunca ter tido uma contusão mais grave. E nunca precisei cancelar uma corrida ou desistir por causa de algum problema físico. Várias vezes no passado meu joelho direito ficou meio estranho (sempre o joelho direito), mas sempre consegui apaziguá-lo e continuar a correr. Então meu joelho deveria estar joia agora também, certo? Isso é o que gosto de pensar. Mas até na cama eu me sinto desconfortável. O que vou fazer se depois de tudo isso eu não conseguir participar da corrida? Há alguma coisa errada com meu programa de treinamento? Será que não me alonguei o suficiente? (Talvez não tenha mesmo.) Ou será que na meia maratona eu forcei demais perto do fim? Com todos esses pensamentos atravessando minha mente, não consegui dormir bem. Lá fora o vento gelado uivava.

Na manhã seguinte, depois de acordar, lavar o rosto e tomar uma xícara de café, experimentei descer as escadas de nosso prédio. Fiz isso com cuidado, segurando no corrimão e prestando bastante atenção no joelho direito. O lado interno do joelho ainda parecia esquisito. Esse era o ponto onde eu podia detectar uma leve dor, embora não fosse a dor aguda e alarmante do dia anterior. Experimentei subir e descer as escadas uma vez mais, e dessa vez desci os quatro lances e voltei a subir a uma velocidade próxima da normal. Experimentei todos os tipos de caminhada, testando meu joelho, torcendo-o em vários ângulos, e me senti um pouco aliviado.

Isto não tem relação com correr, mas minha vida diária em Cambridge não está sendo um mar de rosas. O prédio onde estamos morando passa por uma grande reforma, e durante o dia tudo que a gente escuta é o som de coisas sendo furadas e raspadas. Todo dia é uma procissão sem fim de trabalhadores passando do lado de lá de nossa janela no quarto andar. A obra começa às sete e meia da manhã e continua até as três e meia. Cometeram algum erro no escoamento da varanda acima de nós, e nosso apartamento ficou totalmente encharcado com a infiltração de água. A chuva molhou até nossa cama. Ocupamos cada panela ou recipiente disponível, mas mesmo assim não foi suficiente para recolher toda a água pingando, então forramos o chão com jornal. E, como se isso não bastasse, o aquecedor pifou, e tivemos de nos virar sem água quente ou aquecimento. Mas ainda teve mais. Surgiu algum problema com o detector de fumaça no corredor e o alarme disparava o tempo todo. De modo que, tudo somado, era um barulho ensurdecedor o dia inteiro.

Nosso apartamento ficava próximo à Harvard Square, perto o bastante para que eu pudesse caminhar até o escritório, então era conveniente, mas a mudança bem quando faziam essa megarreforma foi um pouco de azar. Mesmo assim, não posso ficar o tempo todo me queixando. Tenho que escrever, e a maratona está logo aí.

Resumo da ópera: meu joelho parece ter sossegado, o que definitivamente é uma boa notícia. Vou tentar ser otimista com as coisas.

Há mais uma boa notícia. Minha palestra no MIT em 6 de outubro foi muito bem. Talvez bem *demais*. A universidade havia preparado uma sala de aula com capacidade para 450 pessoas, mas cerca de 1700 pessoas apareceram e, como resultado, a maioria teve de ficar de fora. A polícia do campus foi chamada para acalmar as coisas. Devido à confusão, a palestra começou atrasada, e para completar o ar-condicionado não estava funcionando. Foi no auge do verão, e todo mundo na plateia pingava de suor.

"Muito obrigado por se darem o trabalho de assistir a minha palestra", comecei. "Se eu soubesse que tanta gente viria, eu a teria marcado no Parque Fenway." Todo mundo estava com calor e irritado pela confusão, e achei que o melhor seria fazê-los dar risada. Tirei o paletó e dei a palestra usando uma camiseta. A reação do público foi ótima — a maioria era de estudantes —, e do início ao fim gostei de estar ali. Fiquei realmente contente de ver tantos jovens interessados em meus romances.

Um outro projeto no qual ando envolvido agora é a tradução de *O grande Gatsby*, de Scott Fitzgerald, e as coisas estão indo bem. Terminei a primeira versão e estou relendo a segunda. Estou fazendo com calma, revisando linha por linha cuidadosamente, e à medida que avanço a tradução fica mais fluente e consigo deixar a prosa de Fitzgerald em um japonês mais natural. É um pouco estranho, talvez, dizer uma coisa assim a essa altura, mas *Gatsby* é realmente um romance espetacular. Nunca me canso dele, independentemente de quantas vezes o leia. É o tipo de literatura enriquecedora para o leitor, e toda vez que leio o livro me ocorre algo novo, e experimento uma reação diferente. Acho impressionante como um escritor tão jovem, com apenas vinte e nove anos, na época, pôde captar — com tanta sensibilidade, equilíbrio, afeição — as realidades da vida. Como foi possível? Quanto mais penso a respeito, e quanto mais leio o romance, mais misterioso tudo isso me parece.

Em 20 de outubro, depois de descansar e ficar sem correr durante quatro dias por causa da chuva e da sensação esquisita no joelho, voltei a correr. À tarde, depois que a temperatura subiu um pouco, enfiei umas roupas quentes e trotei devagar por uns quarenta minutos. Felizmente, meu joelho não doeu. Corri devagar, no início, mas depois, gradualmente, quando vi que estava tudo bem, acelerei. As coisas iam bem, e minha perna, meu joelho e meu calcanhar trabalhavam direito. Isso foi um grande alívio, porque o mais importante para mim no momento é correr a Maratona de Nova York e chegar ao fim dela. Cruzar a linha final, não caminhar nenhum trecho e desfrutar a corrida. Essas três coisas, nessa ordem, são minhas metas.

O clima ensolarado continuou durante três dias seguidos, e os trabalhadores finalmente conseguiram resolver a infiltração no teto. Como David, o jovem e alto mestre de obras suíço, me explicou — uma expressão sombria em seu rosto conforme erguia os olhos para o céu —, só poderiam finalizar a obra se fizesse sol por três dias seguidos, e isso finalmente aconteceu. Nada mais de preocupações com água se infiltrando. E o aquecedor foi consertado e temos água quente outra vez, então posso finalmente tomar uma ducha quente. O porão permaneceu uma zona proibida durante os consertos, mas agora podemos descer lá e usar a lavadora e a secadora outra vez. Disseram-me que amanhã o aquecimento central vai ser ligado. Então, depois de todos esses desastres, as coisas — incluindo meu joelho — estão caminhando para melhor.

*

Dia 27 de outubro. Enfim consegui correr com cerca de oitenta por cento de minha capacidade sem nenhuma sensação estranha no joelho. Ontem ainda senti alguma coisa esquisita, mas hoje de manhã posso correr normalmente. Corro por cinquenta minutos, e nos últimos dez minutos aumento o ritmo para correr na velocidade que deverei usar quando for correr a Maratona de Nova York de fato. Me imagino entrando no Central Park e me aproximando da linha de chegada, sem o menor problema. Meus pés tocam o chão com força e meus joelhos não falham. O perigo passou. Provavelmente.

O frio chegou com tudo e a cidade está cheia de abóboras de Halloween. De manhã, o trajeto ao longo do rio fica forrado de folhas mortas úmidas e coloridas. Se você gosta de correr de manhã, luvas são item obrigatório.

Dia 29 de outubro, a uma semana da maratona. Pela manhã começou a nevar de forma intermitente e à tarde nevou com vontade. *O verão não foi há tanto tempo assim*, pensei, impressionado. Esse era o clima típico da Nova Inglaterra. Pela janela de meu escritório no campus observei os flocos úmidos de neve caindo. Meu condicionamento físico não está dos piores. Quando fico cansado demais com o treino, minhas pernas tendem a ficar pesadas e o ritmo da minha corrida se torna mais irregular, mas por esses dias me sinto mais leve quando começo. Minhas pernas não estão mais tão cansadas e sinto vontade de correr ainda mais.

Mesmo assim, não estou totalmente tranquilo. A sombra escura sumiu de fato? Ou está dentro de mim, escondida, à espera de uma chance para reaparecer? Como um ladrão esperto escondido dentro de uma casa, respirando calmamente, aguardando até que estejam todos dormindo. Olhei no fundo de mim mesmo, tentando detectar alguma coisa que possa estar ali. Mas assim como nossa consciência é um labirinto, igualmente o é nosso corpo. Para qualquer parte que você olhe há escuridão, e um ponto cego. Em toda parte você encontra sugestões de silêncio, em toda parte uma surpresa espera por você.

Tudo que tenho para ir em frente é a experiência e o instinto. A experiência me ensinou isto: *Você fez tudo que precisava fazer e não tem sentido repetir. Tudo que resta agora é esperar pela corrida.* E o que o instinto me ensinou é apenas uma coisa: *use a imaginação.* Então eu fecho meus olhos e vejo isso tudo. Eu me imagino, junto com milhares de outros corredores, atravessando o Brooklyn, o Harlem, as ruas de Nova York. Eu me vejo cruzando diversas pontes suspensas de aço, e vivencio as emoções que vou sentir enquanto corro pelo lado sul do Central Park cheio de espectadores, perto da linha de chegada. Vejo a antiga churrascaria perto de nosso hotel, onde vamos comer depois da corrida. Essas cenas emprestam a meu corpo uma vitalidade tranquila. Não fixo mais meu olhar nas sombras da escuridão. Não escuto mais os ecos do silêncio.

Liz, que cuida dos meus livros na Knopf, me envia um e-mail. Ela também vai correr a Maratona de Nova York, no que será sua primeira maratona completa. "Divirta-se!", eu lhe respondo em meu e-mail. E é isso mesmo: para que uma maratona signifique alguma coisa, ela *precisa* ser divertida. De outro modo, por que motivo milhares de pessoas correriam quarenta e dois quilômetros?

Verifico a reserva de nosso hotel em Central Park South e compro as passagens de avião de Boston a Nova York. Guardo minhas roupas de corrida e meus tênis, que já amaciei bastante, em uma bolsa de ginástica. Agora tudo que resta a fazer é descansar e esperar pelo dia da corrida. Tudo que posso fazer é torcer para que tenhamos tempo bom, que seja um belíssimo dia de outono.

Toda vez que visito Nova York para correr a maratona (essa será a quarta vez) eu me lembro da balada linda e comovente de Vernon Duke, "Autumn in New York":

> *It's autumn in New York*
> *It's good to live it again.*

Nova York em novembro tem mesmo um charme especial. O ar fica limpo e fresco, e as folhas das árvores no Central Park apenas começaram a ganhar seus tons dourados. O céu é tão claro que você pode ver o infinito, e os arranha-céus refletem profusamente os raios do sol. Você tem a sensação de que pode caminhar por quadra após quadra sem parar. Caros casacos de caxemira enchem as vitrines em Bergdorf Goodman, e as ruas estão cheias com o aroma delicioso de pretzels assando.

No dia da corrida, enquanto corro por essas ruas, será que conseguirei apreciar esse *outono em Nova York*? Ou estarei preocupado demais? Não vou saber enquanto não começar de fato a correr. Se existe uma regra curta e grossa sobre maratonas, é essa.

Oito

26 DE AGOSTO DE 2006 — EM UMA CIDADEZINHA
À BEIRA-MAR NA PREFEITURA DE KANAGAWA

18 até eu morrer

Nesse exato momento estou treinando para um triatlo. Recentemente, tenho me concentrado em treinamento com bicicleta, pedalando pesado uma ou duas horas diárias numa ciclovia à beira-mar em Oiso, chamada Ciclovia Litoral do Pacífico, o vento me açoitando lateralmente. (Contrariando o lindo nome, o trajeto é estreito e até interrompido em vários trechos, e nada fácil de pedalar.) Graças a esse treinamento arriscado, meus músculos das coxas e da região lombar estão duros e fortes.

A bicicleta que eu uso nas corridas é do tipo com uma alça sobre os dedos, o que permite ao ciclista fazer força nos pedais para baixo *e* para cima. As duas coisas juntas aumentam sua velocidade. A fim de manter suave o movimento das pernas, é importante se concentrar na parte do pedal para cima, sobretudo quando se está numa subida longa. O problema é que os músculos que você usa para erguer os pedais dificilmente são usados na vida diária, de modo que, quando você começa a treinar na bicicleta para valer, esses músculos inevitavelmente ficam rígidos e exaustos. Mas se eu treino na bicicleta de manhã, posso correr no fim do dia, mesmo que meus músculos das pernas estejam duros. Não chamaria esse tipo de treinamento de divertido, mas não estou me queixando. Isso é exatamente o que me espera no triatlo.

Correr e nadar são coisas que gosto de fazer, de todo modo, mesmo que não esteja treinando para uma prova. São parte natural de minha rotina diária, mas pedalar não é. Um dos motivos por que reluto em pedalar é que a bicicleta é uma espécie de utensílio. Você precisa de capacete, tênis especiais, todo tipo de acessório, e precisa conservar todos os componentes e o equipamento. Eu simplesmente não sou muito bom em tomar conta de utensílios. Além do mais, é preciso encontrar um trajeto seguro em que você possa pedalar tão rápido quanto deseja. Sempre me parece uma chatice além da conta.

O outro fator é o medo. Para conseguir fazer um treinamento decente você precisa atravessar a cidade, e o medo que eu sinto quando estou costurando no meio dos carros em minha bike esportiva com seus pneus finíssimos e os tênis de pedalar muito apertados nas alças é algo que não dá para entender a menos que se tenha passado por uma situação igual. Conforme fui ficando mais experiente, eu me acostumei a isso, ou pelo menos aprendi a sobreviver, mas não foram poucos os momentos de susto que me deixaram suando frio.

Mesmo quando estou praticando, sempre que faço uma curva muito acentuada meu coração começa a martelar. Se eu não mantiver a trajetória correta e inclinar meu corpo exatamente no ângulo correto conforme faço a curva, saio capotando ou vou parar em alguma cerca. Só para testar, já tentei ver até onde posso aumentar a velocidade. É muito assustador, também, descer uma ladeira em velocidade quando a pista está molhada da chuva. Numa corrida, um pequeno erro pode causar um acidente terrível, um ciclista caindo em cima do outro.

Basicamente, não sou uma pessoa muito ágil e não gosto de esportes que dependem de velocidade combinada com destreza, de modo que ciclismo definitivamente não é o meu forte. É por isso que, das três partes de um triatlo — nadar, pedalar e correr —, sempre deixo a bicicleta para a última hora. É minha parte mais fraca. Mesmo que eu me saia bem na parte da corrida do triatlo, os dez quilômetros, esse segmento final nunca é longo o bastante para compensar o tempo. Foi exatamente por isso que decidi que preciso meter as caras e melhorar meu rendimento na bicicleta. Hoje é 1º de agosto e a corrida é em 1º de outubro, então restam exatamente dois meses. Não tenho certeza se vou conseguir preparar a tempo meus músculos de pedalar, mas pelo menos vou me acostumar com a bicicleta outra vez.

A que estou usando agora é uma bicicleta esportiva de titânio, da Panasonic, leve como pluma, que tenho usado nos últimos sete anos. Mudo as marchas como se estivesse realizando uma de minhas funções corporais. É uma máquina maravilhosa. Pelo menos, a máquina é superior à pessoa que a pedala. Dei o máximo em cima dela em quatro triatlos, mas nunca tive problema nenhum. No quadro da bicicleta está escrito "18 Til I Die", uma canção de sucesso de Bryan Adams. É uma piada, claro. Ter dezoito anos até você morrer significa morrer com dezoito anos.

O clima tem andado estranho no Japão, neste verão. A temporada de chuvas, que em geral diminui no início de julho, continuou até o fim do mês. Choveu tanto que cansou. Houve chuvas torrenciais em partes do país, e muita gente morreu. Dizem que é devido ao aquecimento global. Talvez seja, talvez não. Alguns especialistas dizem que é, outros que não é. Há algumas evidências de que seja, outras de que não seja. Mas ainda assim as pessoas dizem que a maior parte dos problemas que a Terra vem enfrentando é, mais ou menos, devido ao aquecimento global. Quando as vendas de roupas caem, quando toneladas de madeira flutuante param na praia, quando há inundações e secas, quando os preços ao consumidor vão lá em cima, a culpa é quase toda do aquecimento global. O que o mundo precisa é de um vilão para apontar e dizer "É tudo culpa sua!".

Em todo caso, devido a esse vilão intratável, continuou chovendo, e mal consegui pedalar durante todo o mês de julho. Não é minha culpa — a culpa é do vilão. Finalmente, porém, nesses últimos dias tem feito sol e pude pedalar um pouco ao ar livre. Enfio meu moderno capacete, ponho os óculos escuros esportivos, encho a garrafinha de água, acerto o velocímetro e lá vou eu.

A primeira coisa a lembrar quando você está numa competição de ciclismo é se curvar para a frente o máximo que puder, por uma questão de aerodinâmica — principalmente, manter o rosto para a frente e elevado. Aconteça o que acontecer, você precisa manter essa postura. Até ter se acostumado, ficar nessa posição por mais de uma hora — como um louva-a-deus caçando, com a cabeça erguida — é quase impossível. Em pouco tempo suas costas e o pescoço começam a doer. Quando você fica exausto, sua cabeça tende a baixar e você olha para baixo, e se isso acontece todos os perigos que estão à espreita dão o bote.

Quando eu estava treinando para meu primeiro triatlo e pedalava quase cem quilômetros de uma vez, bati em um poste metálico — uma dessas estacas usadas para impedir carros e motos de usar a pista recreativa ao longo de um rio. Eu estava cansado, minha cabeça estava longe e deixei de manter o rosto para a frente. A roda dianteira da bicicleta ficou toda torta e eu fui de cabeça no chão. De repente me peguei voando pelo ar. Felizmente, o capacete protegeu minha cabeça; não fosse isso, eu teria sofrido ferimentos graves. Meus braços ficaram muito esfolados do concreto, mas tive sorte de me safar só com isso. Sei de outros ciclistas que sofreram ferimentos muito piores.

Depois de passar por um acidente desses, você não esquece mais. Na maioria dos casos, aprender alguma coisa essencial na vida exige dor física. Desde esse acidente na bicicleta, por mais cansado que eu possa estar eu sempre fico com a cabeça elevada e os olhos na pista adiante.

Naturalmente, toda essa tensão cobra um preço de meus músculos sobrecarregados, mas mesmo com o calor de agosto não estou suando. Na verdade, provavelmente estou, mas o vento forte contrário faz com que o suor evapore. Em vez disso, sinto sede. Se demorar muito para beber água vou ficar desidratado, e se isso acontecer minha cabeça vai ficar toda zonza. Nunca saio para pedalar sem uma garrafa d'água. Conforme ando, tiro a garrafa do suporte, dou um gole e ponho de volta. Eu me treinei para fazer essa série de movimentos suave e automaticamente, sempre mantendo o rosto para a frente.

Quando comecei eu não tinha a menor ideia do que estava fazendo, então pedi a uma pessoa que entende de ciclismo para me ensinar. Nos feriados nós dois púnhamos as bikes na caminhonete e nos mandávamos para o píer Oi. Caminhões de entregas não vão ao píer nos feriados, e a rua larga que passa no meio dos armazéns dá uma pista de ciclismo fantástica. Muitos ciclistas vão para lá. Nós dois conversávamos sobre quantas voltas daríamos, em quanto tempo, e começávamos. Ele me acompanhava também nas corridas de longa distância — do tipo daquela em que eu me acidentei.

Treinar ciclismo é, verdade seja dita, muito difícil. Corridas longas feitas como preparativo para maratonas são definitivamente solitárias, mas segurar o guidão de uma bicicleta e pedalar e pedalar sem parar é uma empreitada muito mais solitária. São os mesmos movimentos repetidos indefinidamente. Você sobe ladeiras, pega trechos planos, desce rampas. Às vezes o vento está a seu favor, às vezes contra. Você troca as marchas conforme necessário, muda de posição, verifica a velocidade, pedala mais forte, diminui um pouco, verifica a velocidade, bebe água, muda marchas, muda de posição... Às vezes, me parece uma forma elaborada de tortura. Em seu livro, o triatleta Dave Scott diz que, de todos os esportes inventados pelo homem, o ciclismo deve ser o mais desagradável. Concordo totalmente.

Mesmo assim, nos poucos meses antes do triatlo, por mais ilógico que possa parecer, é isso que tenho de fazer. Cantarolando desesperadamente o refrão de "18 Til I Die", às vezes praguejando contra o mundo, pressiono os pedais com força, ergo o corpo me apoiando neles, forço minhas pernas a lembrar o ritmo certo. Um vento quente sopra do Pacífico, roçando meu rosto e fazendo-o arder.

Meu período em Harvard terminou no fim de junho, o que significou o fim de minha estadia em Cambridge. (Adeus, cerveja Sam Adams! Até logo, Dunkin' Donuts!) Peguei toda a minha bagagem e regressei ao Japão no início de julho. Quais foram as principais coisas que fiz quando estava em Cambridge? Basicamente, confesso, comprei uma tonelada de LPs. Na região de Boston ainda existe um monte de sebos de discos de boa qualidade. Quando tive tempo, também fui às lojas de discos em Nova York e no Maine. Setenta por cento dos discos que eu comprei eram de jazz, o resto de música clássica e alguns de rock. Sou um colecionador muito (ou talvez devesse dizer *extremamente*) entusiasmado. Embarcar com todos esses discos de volta para o Japão não foi um feito dos mais desprezíveis.

Não tenho certeza de quantos discos eu tenho em casa atualmente. Nunca contei, e seria assustador tentar. Desde que tinha quinze anos, venho adquirindo uma quantidade imensa de discos, e também passei para a frente uma quantidade imensa. A circulação é tão rápida que não consigo me manter a par do total. Eles vêm e vão. Mas a quantidade total de álbuns está definitivamente aumentando. A quantidade, porém, não vem ao caso. Se alguém me pergunta quantos discos possuo, tudo que posso dizer é: "Parece que um monte. Mas ainda não é suficiente".

No *Gatsby* de Scott Fitzgerald, um dos personagens, Tom Buchanan, um homem rico que é também um renomado jogador de polo, diz: "Já ouvi falar de estábulo convertido em garagem, mas sou o primeiro a transformar uma garagem em estábulo". Não é para me gabar, mas estou fazendo a mesma coisa. Sempre que encontro um LP de qualidade de algo que já tenho em CD, não hesito em vender o CD e comprar o LP. E quando encontro uma gravação de melhor qualidade, algo mais próximo do original, não hesito em trocar o antigo LP por um novo. Demanda um bocado de tempo ir atrás disso, para não mencionar o considerável investimento financeiro. A maioria das pessoas, tenho certeza, me chamaria de obsessivo.

Como planejado, em novembro de 2005 corri a Maratona de Nova York. Era um lindo dia ensolarado de outono, o tipo de dia maravilhoso em que você espera ver o falecido Mel Tormé surgir do nada, curvado sobre um piano de cauda enquanto canta um verso de "Autumn in New York". Nessa manhã, junto com dezenas de milhares de outros corredores, comecei a correr na Verrazano Narrows Bridge, em Staten Island; atravessei o Brooklyn, onde a escritora Mary Morris está sempre esperando para acenar para mim; depois, atravessei o Queens; então o Harlem e o Bronx; e várias horas e pontes depois cruzei a linha de chegada, perto do Tavern on the Green, no Central Park.

E como foi meu tempo? Verdade seja dita, não dos melhores. Pelo menos, não tão bom quanto eu vinha secretamente esperando. Se possível, eu sonhava ser capaz de encerrar este livro com uma declaração convincente do tipo: "Graças a todo treinamento duro que fiz, consegui realizar um ótimo tempo na Maratona de Nova York. Quando terminei, fiquei realmente emocionado", e sair andando casualmente ao pôr do sol com o tema de *Rocky* tocando ao fundo. Até correr de verdade na prova, eu ainda me prendia à esperança de que as coisas fossem desse modo, e fiquei ansioso por esse final dramático. Esse era meu plano A. Um plano de fato muito bom, imaginava.

Mas na vida real as coisas não funcionam assim tão tranquilamente. Em determinados pontos de nossas vidas, quando precisamos realmente de uma solução elegante, a pessoa que bate na porta é, com muito mais frequência, portadora de más notícias. Nem sempre é o caso, mas por experiência eu diria que as notícias ruins superam de longe as de outro tipo. O mensageiro leva a mão ao boné e nos olha meio constrangido, mas isso não melhora em nada o conteúdo da mensagem. Não é culpa do mensageiro. Não adianta apontar para ele, não adianta agarrá-lo pelo colarinho e sacudi-lo. O mensageiro apenas está fazendo zelosamente o trabalho que seu chefe designou para ele. E o chefe? Ninguém mais, ninguém menos que nossa velha amiga, a Realidade.

*

Antes da corrida eu me encontrava em grande forma, pensei, e bem descansado. A sensação estranha que sentia na parte interna do joelho havia desaparecido. Minhas pernas, sobretudo perto das panturrilhas, ainda estavam um pouco cansadas, mas não era nada preocupante (assim eu pensava). Meu programa de treinamento transcorrera suavemente, melhor que o de qualquer outra corrida antes dessa. Então eu tinha a esperança (ou convicção moderada) de que obteria o melhor tempo em anos recentes. Tudo que tinha a fazer agora era colher os frutos.

Na linha de partida decidi acompanhar o *pace leader*, o líder de passada, com a placa de TRÊS HORAS E QUARENTA E CINCO MINUTOS. Eu tinha certeza absoluta de que conseguiria fazer esse tempo. Isso pode ter sido um erro. Vendo em retrospecto, eu devia ter seguido o *pace leader* de três horas e cinquenta e cinco minutos, e aumentado o ritmo depois, e apenas se estivesse seguro de conseguir mantê-lo. Esse tipo de abordagem sensata era provavelmente o que eu necessitava. Mas alguma coisa estava me pressionando: *Você treinou o mais duro que pôde debaixo daquele calor todo, não foi? Se não consegue fazer esse tempo, então de que adiantou? Você é um homem ou o quê? Comece a agir como um!* Essa voz sussurrava em meu ouvido, assim como as vozes do gato malandro e da raposa que tentavam Pinóquio em seu trajeto para a escola. Pouco antes disso um tempo de três horas e quarenta e cinco minutos fora, para mim, a coisa mais trivial do mundo.

Até o quilômetro vinte e cinco, mais ou menos, consegui me manter próximo do *pace leader*, mas depois disso ficou impossível. Era duro admitir para mim mesmo, mas pouco a pouco minhas pernas estavam ficando duras, de modo que minha velocidade começou a cair. O líder com o sinal de TRÊS HORAS E CINQUENTA MINUTOS passou por mim. Foi o pior cenário possível. Acontecesse o que acontecesse, eu não podia deixar que o *pace leader* das quatro horas me ultrapassasse. Depois que atravessei a ponte da avenida Madison e comecei a descer o trecho reto e amplo do Uptown até o Central Park, passei a me sentir um pouco melhor e tive a vã esperança de que tudo estivesse normalizado, mas isso durou pouco, porque bem na hora em que entrei no Central Park e me vi diante da infame subida gradual, comecei a sentir câimbra na panturrilha direita. Não foi tão ruim a ponto de eu precisar parar, mas a dor me forçava a correr quase à velocidade de uma caminhada. A multidão em torno ficava insistindo, gritando "Vai! Vai!", e tudo que eu queria era continuar a correr, mas não conseguia mais controlar minhas pernas.

E assim, no fim, escapei do marcador de quatro horas por muito pouco. Completei a corrida, de certo modo, o que significa que mantive meu recorde de completar toda maratona de que participei (um total de vinte e quatro, atualmente). Consegui fazer o mínimo necessário, mas foi um resultado frustrante depois de todo o meu treinamento duro e planejamento cuidadoso. Fiquei com a sensação de que um fiapo de nuvem negra se enroscara dentro de meu estômago. Não havia como eu aceitar uma coisa daquelas. Eu treinara tão duro, então por que as câimbras? Não estou tentando provar que todo esforço é justamente recompensado, mas se existe um Deus no céu, era pedir demais que me deixasse entrever um sinal? Era demais esperar um pouco de bondade?

Cerca de meio ano antes, em abril de 2006, corri a Maratona de Boston. Via de regra, corro uma única maratona por ano, mas como a Maratona de Nova York deixou um gosto amargo em minha boca, decidi me dar outra oportunidade. Dessa vez, porém, deliberada e drasticamente reduzi a quantidade de treinamento que fiz. O treinamento pesado para a Maratona de Nova York não ajudara muito. Talvez eu tivesse treinado em *excesso*. Dessa vez, não estabeleci um programa, mas em vez disso apenas corri um pouco mais do que o usual do dia a dia, mantendo a mente livre de pensamentos obscuros, fazendo apenas o que eu sentia vontade. Tentei manter uma postura casual. É apenas uma maratona, dizia a mim mesmo. Decidi simplesmente seguir em frente com isso e ver no que dava.

Essa foi minha sétima vez correndo a Maratona de Boston, então eu conhecia bem o circuito — quantas subidas havia, como eram as curvas —, não que isso fosse a garantia de um bom trabalho.

Então, vocês estão querendo saber, qual foi o resultado?

Meu tempo não foi muito diferente do de Nova York. Tendo aprendido minha lição lá, dei o melhor que pude para manter as coisas sob controle durante a primeira metade da corrida, seguindo meu ritmo, guardando energia de reserva. Eu apreciava a corrida, observando a paisagem ficar para trás, aguardando o momento em que eu pudesse apertar o passo. Mas esse momento nunca veio. Do quilômetro trinta e dois ao trinta e seis, no ponto onde você passa a colina Heartbreak, me senti ótimo. Nenhum problema. Meus amigos que esperavam na colina Heartbreak para acenar para mim mais tarde me contaram que haviam dito: "Haruki parece muito bem". Subi a colina sorrindo e acenando. Tinha certeza de que naquele ritmo eu poderia acelerar um pouco e fazer um tempo decente. Mas depois que passei pelo Cleveland Circle e entrei no centro de Boston, minhas pernas começaram a pesar. Rapidamente a exaustão tomou conta de mim. Não tive câimbras, mas nos últimos quilômetros da corrida, depois de atravessar a Boston University Bridge, tudo que pude fazer foi não ficar para trás. Aumentar o ritmo como eu havia planejado era impossível.

Consegui terminar, é claro. Sob o céu parcialmente nublado eu corri os 42,195 quilômetros da maratona sem parar e cruzei a linha de chegada, em frente ao Prudential Center. Me embrulhei numa manta térmica prateada para afastar o frio e recebi uma medalha de um dos voluntários. Uma onda de alívio me invadiu — alívio de não precisar correr mais. Sempre me senti ótimo de terminar uma maratona — é uma realização maravilhosa —, mas não estava satisfeito com o tempo. Em geral, fico ansioso para tomar uma Sam Adams gelada depois da corrida, mas agora eu não estava muito a fim de cerveja. A exaustão se infiltrara por cada órgão do meu ser.

"O que aconteceu?" Minha esposa, que me esperava na linha de chegada, estava atônita. "Você continua bastante forte, e eu sei que treinou bastante."

Mas o quê?, eu me perguntava, sem fazer ideia. Talvez eu simplesmente esteja ficando mais velho. Ou talvez o motivo esteja em alguma outra parte, quem sabe algum detalhe crítico que me passou despercebido. Nesse ponto, de qualquer maneira, toda especulação não passa disto: especulação. Como um pequeno canal de água silenciosamente sendo sugado pelo deserto.

Uma coisa, porém, posso afirmar com confiança: até que o sentimento de que fiz um bom trabalho em uma corrida volte, vou continuar a correr nas maratonas, e não vou deixar que isso me abata. Mesmo depois de ficar velho e fraco, quando as pessoas me advertirem de que chegou a hora de jogar a toalha, não darei ouvidos. Enquanto meu corpo permitir, vou continuar a correr. Mesmo que meu tempo piore, vou continuar me empenhando — talvez ainda *mais* — na meta de terminar a maratona. Não me importo com o que os outros digam — essa é apenas minha natureza, o modo como sou. Como um escorpião que pica, uma cigarra que se agarra à árvore, um salmão que sobe a correnteza para o lugar onde nasceu, patos selvagens que se acasalam para a vida inteira.

Pode ser que eu não escute o tema de *Rocky*, nem veja o pôr do sol em qualquer parte, mas, para mim, e para este livro, isso pode ser uma espécie de conclusão. Um anticlímax, se vocês assim preferirem. Transforme isso num roteiro, e o produtor de Hollywood simplesmente daria uma olhada na última página e jogaria fora. Mas a síntese disso tudo é que esse tipo de conclusão convém ao tipo de pessoa que eu sou.

O que quero dizer é: não comecei a correr porque alguém me pediu para me tornar um corredor. Assim como não me tornei um romancista porque alguém me pediu para ser um. Certo dia, do nada, quis escrever um romance. E um dia, do nada, comecei a correr — simplesmente porque eu quis. Sempre fiz o que tive vontade de fazer na vida. As pessoas talvez tentem me deter, e me convencer de que estou errado, mas não vou mudar.

Olho para o céu, perguntando-me se dá para entrever alguma bondade ali, mas não. Tudo que vejo são as indiferentes nuvens de verão vagando através do Pacífico. E elas não têm nada a me dizer. Nuvens são sempre taciturnas. Provavelmente, eu não deveria estar olhando para elas. Deveria era estar olhando dentro de *mim*. Como que fitando um poço fundo. Posso ver bondade ali dentro? Não, tudo que vejo é minha própria natureza. Minha própria natureza individualista, teimosa, pouco cooperativa, em geral autocentrada, que ainda duvida de si mesma — que, quando surge um problema, tenta encontrar alguma coisa engraçada, ou alguma coisa quase engraçada, acerca da situação. Tenho carregado esse personagem por aí como uma mala velha, por uma estrada longa e poeirenta. Não estou carregando porque gosto. O conteúdo é pesado demais, e parece surrado, quebradiço em alguns pontos. Tenho carregado comigo porque não existe mais nada que eu deveria carregar. Mesmo assim, acho que fiquei muito apegado a ele. Como seria de se esperar.

Então eis-me aqui treinando diariamente para o Triatlo da Cidade de Murakami, na Prefeitura de Niigata. Em outras palavras, continuo carregando a velha mala, muito provavelmente rumo a outro anticlímax. Rumo a uma maturidade taciturna, sem adornos — ou, para dizer mais modestamente, rumo a um gradual beco sem saída.

Nove

Iº DE OUTUBRO DE 2006 — CIDADE DE
MURAKAMI, PREFEITURA DE NIIGATA

Pelo menos ele nunca andou

Uma vez, quando eu tinha cerca de dezesseis anos e ninguém estava em casa, tirei a roupa, parei na frente de um grande espelho em nossa casa e verifiquei meu corpo de alto a baixo. Enquanto fazia isso ia compondo uma lista mental de todas as deficiências — ou o que, pelo menos para mim, pareciam ser deficiências. Por exemplo (e esses são apenas exemplos), minhas sobrancelhas eram grossas demais, ou minhas unhas tinham um formato esquisito — esse tipo de coisa. Até onde me lembro, quando enumerei vinte e sete itens, cansei e desisti. E isto foi o que pensei: *Se tem todas essas partes visíveis do meu corpo que são piores do que as das pessoas normais, então se eu começar a considerar outros aspectos — personalidade, inteligência, porte atlético, coisas assim — a lista vai ser infinita.*

Dezesseis é uma idade intensamente problemática. Você se preocupa com coisas ínfimas, não consegue se situar de uma forma objetiva, torna-se proficiente em habilidades estranhas e sem sentido e é subjugado por complexos inexplicáveis. À medida que fica mais velho, porém, por meio de tentativa e erro você aprende a conseguir o que precisa, e a jogar fora o que deve ser descartado. E começa a reconhecer (ou a se resignar) que, uma vez que suas falhas e deficiências são bem próximas do infinito, é melhor você procurar os pontos positivos e aprender a se virar com o que tem.

Mas essa sensação miserável que me acometeu quando estava diante do espelho aos dezesseis anos, listando todos os meus defeitos físicos, ainda funciona como uma espécie de parâmetro para mim até hoje. O triste balanço da minha vida que revela quanto minhas dívidas superam de longe meus recursos.

Agora, cerca de quarenta anos depois, de pé à beira-mar em um traje de banho preto, óculos de mergulho no alto da cabeça, esperando pelo início do triatlo, essa lembrança de tanto tempo atrás de repente me volta à cabeça. E uma vez mais me vem à mente o pensamento de quão lamentável e inútil é esse pequeno receptáculo chamado *eu*, que criatura ordinária e miserável eu sou. Tenho a sensação de que tudo que já fiz na vida foi um completo desperdício. Dentro de alguns minutos vou nadar um quilômetro e meio, pedalar uma bicicleta por quarenta quilômetros e depois finalmente correr dez quilômetros. E o que tudo isso deveria provar? Qual a diferença entre isso e derramar água numa panela velha com um pequeno furo no fundo?

Bom, pelo menos o dia está lindo, perfeito — um tempo perfeito para o triatlo. Nada de vento, nem uma onda no mar. O sol aquece o chão, a temperatura está em cerca de vinte e três graus. A água, ideal. Essa é a quarta vez que participo do triatlo da cidade de Murakami, na Prefeitura de Niigata, e em todos os anos precedentes as condições estiveram atrozes. Certa vez, o mar ficou tão bravo, como só o mar do Japão no outono consegue ficar, que fomos obrigados a substituir a parte do nado por uma corrida na praia. Mesmo quando as condições não foram tão drásticas, passei por todo tipo de experiências horríveis: choveu, ou as ondas ficaram tão altas que não dava para respirar direito ao tirar a cabeça da água, ou fez tanto frio que a gente quase congelava na bicicleta. Na verdade, sempre que viajo os trezentos e cinquenta quilômetros até Niigata para fazer o triatlo estou esperando pelo pior, em termos de clima, convencido de que alguma coisa muito ruim vai acontecer. Pode muito bem ser uma espécie de projeção que faço para treinamento. Mesmo dessa vez, quando vi o oceano plácido e quente, senti como se alguém estivesse tentando me pregar uma peça. *Não caia nessa*, adverti a mim mesmo. Aquilo só podia ser um faz de conta; tinha de haver uma armadilha esperando em algum lugar. Talvez um cardume de medusas malignas e venenosas. Ou um urso esfomeado prestes a entrar em hibernação para me atacar enquanto pedalasse. Ou um desgraçado de um raio iria cair em cima de mim e me fulminar. Ou talvez eu fosse atacado por um enxame de abelhas furiosas. Talvez minha esposa, à minha espera na linha de chegada, viesse a descobrir alguns segredos pavorosos sobre mim (de repente, me senti como se realmente houvesse algum). Desnecessário dizer, sempre encarei essa prova, o Triatlo Internacional de Murakami, com um quê de apreensão. Nunca fazia a menor ideia do que podia acontecer.

Não há dúvida sobre isso, porém, hoje o tempo está ótimo. Parado aqui com meu traje de neoprene, na verdade começo a sentir calor.

Em torno de mim há pessoas vestidas do mesmo jeito, todas inquietas enquanto esperam a corrida começar. Uma cena esquisita, se você pensa a respeito. Parecemos um bando de golfinhos infelizes encalhados na praia, à espera de que a maré venha nos resgatar. Todos os demais parecem mais otimistas com a prova do que eu. Ou talvez seja só uma impressão. Seja como for, decidi manter a cabeça longe de coisas desnecessárias. Viajei até aqui e agora preciso dar meu melhor para completar a prova. Por três horas, tudo que tenho a fazer é manter a mente limpa e apenas nadar, pedalar e correr.

Quando vamos começar? Olho o relógio. Mas pouco tempo passou desde a última vez que olhei. Assim que a prova começar, não terei, teoricamente, tempo para pensar...

Até hoje, já participei de seis triatlos de durações variadas, embora por quatro anos, de 2001 a 2004, não tenha participado de nenhum. O vazio em minha história existe porque durante o Triatlo Murakami de 2000 eu de repente não consegui mais nadar e fui desqualificado. Levou algum tempo para superar o choque e recuperar minha tranquilidade. Não ficou claro para mim por que não consegui nadar. Matutei sobre várias possibilidades e durante esse tempo minha autoconfiança afundou como pedra. Estive em muitas corridas, mas essa foi a primeira vez que integrei a lista dos Eliminados.

Na verdade essa não foi a primeira vez que dei para trás durante a parte do nado em um triatlo. Na piscina ou no oceano, consigo executar o nado livre por uma longa distância sem esforço. Em geral, consigo nadar mil e quinhentos metros (uma milha de nadador) em cerca de trinta e três minutos — não é especialmente rápido, mas bom o bastante para um triatlo. Cresci perto do mar e estou acostumado a nadar no oceano. Algumas pessoas que treinam apenas em piscina acham difícil, e assustador, nadar no oceano, mas não eu. Para falar a verdade, acho até mais fácil, por causa do espaço amplo e da maior flutuabilidade.

Por algum motivo, contudo, sempre que chega a hora de uma prova, ponho tudo a perder quando estou na água. Mesmo quando participei do Tinman, em Oahu, no Havaí, uma competição relativamente curta, não consegui nadar muito bem. Entrei no mar, me preparei para nadar e de repente tive dificuldade para respirar. Eu erguia a cabeça para puxar o ar, como sempre fiz, mas não acertava o tempo. E quando não estou respirando direito, o medo toma conta de mim e meus músculos ficam tensos. Meu peito começa a martelar, e meus braços e pernas não se movem do jeito que eu quero. Fico apavorado de enfiar a cabeça na água e começo a entrar em pânico.

Na prova do Tinman, a parte de natação é mais curta do que o usual, apenas oitocentos metros, então eu podia desistir do crawl e passar ao nado de peito. Mas em uma prova normal de mil e quinhentos metros não dá para chegar ao fim com o nado de peito. Ele é mais lento do que o nado livre, e no fim suas pernas estão acabadas. Assim, no Triatlo de Murakami de 2000, a única coisa que me restou foram a eliminação e as lágrimas.

Quando voltei à praia, estava tão furioso comigo mesmo que entrei no mar outra vez e tentei nadar o percurso novamente. Os outros participantes haviam terminado a parte da natação fazia muito tempo e pedalavam em suas bicicletas, então nadei completamente sozinho. E dessa vez consegui executar o nado livre sem o menor problema. Pude respirar facilmente e mover o corpo com tranquilidade. Então por que não consegui nadar desse jeito durante a prova?

No primeiro triatlo de que participei, o início era dentro da água, boiando, todos os participantes perfilados. Enquanto aguardávamos, o sujeito do meu lado me chutou com força diversas vezes. É uma competição, então era de se esperar — todo mundo quer chegar na frente e tomar a rota mais curta. Levar um pontapé no cotovelo quando você está nadando, levar um chute, engolir água, quase perder os óculos — tudo isso faz parte da prova. Mas para mim, tomar uns pontapés fortes como aqueles em minha primeira prova foi um choque, e isso deve ter acabado com meu nado. Talvez subconscientemente essa lembrança estivesse voltando para mim toda vez que eu começava uma prova. Não quero pensar dessa forma, mas o lado mental de uma prova é crítico, então é bem possível.

Outro problema foi que havia alguma coisa errada no modo como eu nadava. Eu aprendera o nado livre por conta própria, sem nunca ter treinado. Eu podia nadar perfeitamente, mas ninguém nunca ia chamar meu método de econômico ou bonito. Basicamente, era um jeito de nadar em que eu simplesmente dava tudo de mim. Por um longo tempo pensei que, se eu pretendia levar o triatlo a sério, tinha de fazer alguma coisa para melhorar meu nado. Além de tentar descobrir o que estava errado mentalmente, imaginei que não seria má ideia trabalhar meu método. Se eu pudesse aperfeiçoar a parte técnica da natação, outros aspectos poderiam também ganhar mais nitidez.

Desse modo, deixei o desafio do triatlo em compasso de espera durante quatro anos. Ao longo desse período, continuei a correr longas distâncias e a fazer uma maratona por ano. Mas de algum modo não me sentia feliz. Meu fracasso no triatlo era em parte responsável. *Um dia*, pensei, *vou ter minha vingança*. Quando se trata de coisas como essa, sou muito tenaz. Se existe alguma coisa que não consigo fazer mas quero fazer, não relaxo enquanto não for capaz de fazer.

Contratei alguns instrutores de natação para me ajudar a melhorar minha técnica, mas nenhum deles era o que eu estava procurando. Muita gente sabe nadar, mas uma pessoa que saiba ensinar a nadar é uma coisa raríssima. Foi essa sensação que me deu. Ensinar alguém a escrever romances é difícil (pelo menos, *eu* não conseguiria), mas ensinar a nadar é tão difícil quanto. E isso não se restringe a natação e romances. Claro que há professores capazes de ensinar um determinado assunto, em determinada ordem, usando frases previamente escolhidas, mas não existem muitos que conseguem ajustar seu método às capacidades e tendências dos alunos e explicar coisas a seu próprio modo. Talvez isso seja quase impossível.

Desperdicei os dois primeiros anos tentando encontrar um bom professor. Cada novo treinador que aparecia implicava com meu método apenas o suficiente para atrapalhar meu nado, às vezes ao ponto de eu mal conseguir dar duas braçadas. Naturalmente, minha autoconfiança foi por água abaixo. Nesse ritmo eu jamais conseguiria participar de um triatlo.

As coisas começaram a melhorar mais ou menos na época em que me dei conta de que uma mudança radical no meu método era provavelmente impossível. Foi minha esposa que conseguiu alguém para mim. Depois de passar a vida inteira sem nunca saber nadar, ela conheceu uma jovem instrutora na academia que frequenta, e vocês não acreditariam se vissem como nada bem atualmente. Por sua sugestão, eu também resolvi tentar a sorte com a jovem treinadora.

A primeira coisa que essa instrutora fez foi verificar cuidadosamente como eu nadava e perguntar quais eram meus objetivos. "Quero participar de um triatlo", eu lhe disse. "Então o senhor quer ser capaz de executar o crawl no oceano e nadar longas distâncias?", ela perguntou. "Isso mesmo",

respondi. "Não preciso de explosão para pequenas distâncias."
"Ótimo", ela disse. "Fico feliz que o senhor tenha objetivos
claros. Isso torna tudo mais fácil para mim."

Então começamos as aulas particulares para remodelar meu método. Sua abordagem não era do tipo demolição total, descartando por completo o modo como eu nadara até então para recomeçar do zero. Imagino que para um treinador seja muito mais difícil remodelar a forma como uma pessoa, bem ou mal, já nada, do que trabalhar com alguém que nunca nadou, como se fosse uma tábula rasa. Não é fácil se livrar de antigos hábitos de natação, de modo que minha nova instrutora não tentou forçar uma mudança global. Em vez disso, ela repassou pequenos movimentos que eu fazia, um por um, durante um bom período de tempo.

O que é especial com o estilo de ensino dessa instrutora é que ela não segue a cartilha desde o início. Pegue a rotação do corpo, por exemplo. Para fazer com que o aluno aprenda a forma correta, ela começa ensinando a nadar *sem qualquer* rotação. Em outras palavras, pessoas autodidatas no nado livre têm uma tendência a ficar conscientes demais da rotação. Por causa disso, há muita resistência na água e sua velocidade cai — isso sem falar no desperdício de energia. Assim, no início, ela o ensina a nadar como uma prancha reta sem nenhuma rotação corporal — em outras palavras, completamente ao contrário do que dizem os manuais. Desnecessário dizer, quando nado desse jeito me sinto como um nadador pavoroso, desajeitado. Praticando persistentemente, pude nadar do jeito que ela me disse para fazer, todo desajeitado, mas não fiquei convencido de que isso estivesse ajudando em alguma coisa.

E então, por mais vagaroso que fosse, minha instrutora começou a acrescentar alguma rotação. Não enfatizando que estávamos praticando rotação, mas apenas ensinando um jeito diferente de movimento. O aluno fica sem fazer ideia de onde se quer chegar com esse tipo de treinamento. Ele meramente faz o que lhe é ordenado, e continua a mover só aquela parte do corpo. Por exemplo, se é um modo de girar os ombros, você o repete indefinidamente. Às vezes, passa uma aula inteira só girando os ombros. Ao final, sente-se exausto, porém, mais tarde, percebe que era exatamente esse o espírito da coisa. As partes se encaixam no lugar, e você consegue enxergar o cenário amplo e finalmente compreender o papel que cada parte individual desempenha. Chega a aurora, o céu vai ficando claro, e as cores e formas dos telhados, que você divisava apenas vagamente pouco antes, começam a ganhar contornos nítidos.

Isso talvez seja semelhante a praticar bateria. Mandam você praticar só no bumbo, primeiro, sem parar. Depois você passa dias e dias só nos pratos. Daí é a vez do tom-tom... Sem dúvida, é monótono e entediante, mas assim que tudo se junta você tem um ritmo sólido. A fim de chegar lá, é preciso ser obstinado, rigoroso e extremamente paciente, apertando cada parafuso no lugar. Isso toma tempo, claro, mas às vezes o tempo que se toma é na realidade um atalho. Esse foi o caminho que escolhi ao nadar e, depois de um ano e meio, tornei-me capaz de nadar longas distâncias com mais elegância e eficiência do que jamais o fizera.

E, enquanto treinava natação, fiz uma importante descoberta. Minha dificuldade de respirar durante a prova surgira devido a uma hiperventilação. Exatamente a mesma coisa aconteceu quando eu nadava na piscina com minha instrutora, e então me ocorreu: pouco antes do início da prova eu respirava profunda e rapidamente. Talvez por estar tenso nesse momento, absorvi oxigênio demais de repente. Isso me levou a respirar rápido demais quando comecei a nadar, o que por sua vez quebrou totalmente o ritmo com que eu puxava e soltava o ar.

Foi um tremendo alívio quando enfim identifiquei o problema. Tudo que eu tinha a fazer agora era tomar cuidado para não hiperventilar. Agora, antes do começo de uma prova, eu entro no mar, nado um pouco e acostumo minha mente e meu corpo com a natação no oceano. Respiro moderadamente a fim de evitar a hiperventilação e respiro com a mão diante da boca para não absorver oxigênio em excesso. *Estou pronto agora*, digo a mim mesmo. "Mudei meu método e não sou mais o nadador que costumava ser."

E assim, em 2004, pela primeira vez em quatro anos, voltei a participar do Triatlo de Murakami. Uma sirene marcou o início, todos começaram a nadar e alguém me chutou. Assustado, fiquei com medo de que mais uma vez eu pudesse estragar tudo. Engoli um pouco de água e passou por minha mente o pensamento de mudar para o nado de peito por algum tempo. Mas minha coragem voltou e eu disse a mim mesmo que não havia a menor necessidade disso, que as coisas iriam funcionar. Minha respiração se acalmou e comecei a nadar o crawl outra vez. Me concentrei não na inspiração, mas em expirar dentro da água. E escutei o bom e velho som do ar sendo expelido e formando bolhas. *Estou bem agora*, dizia para mim mesmo conforme atravessava firmemente as ondas.

Feliz da vida, consegui dominar o pânico e terminar o triatlo. Fiquei sem participar de um por tanto tempo, e deixara de treinar com a bicicleta, que meu tempo no geral não foi dos melhores. Mas eu havia conseguido atingir meu primeiro objetivo: apagar a vergonha de ter sido eliminado. Como sempre, meu principal sentimento foi de alívio.

Sempre pensei em mim mesmo como uma pessoa relativamente audaciosa, mas esse negócio da hiperventilação me fez perceber que uma parte de mim era, surpreendentemente, muito sensível. Eu não fazia ideia de como ficava nervoso no início de uma prova. Mas aconteceu de eu me mostrar tenso como qualquer um. Não interessa quanto eu fique velho, mas enquanto continuar a viver, vou sempre descobrir alguma coisa nova sobre mim mesmo. Por mais que você fique ali nu se examinando diante de um espelho, nunca vai ver refletido o que existe por dentro.

E eis-me aqui, às nove e meia da manhã, no dia 1º de outubro de 2006, um ensolarado domingo de outono, mais uma vez na praia da Cidade de Murakami, Prefeitura de Niigata, aguardando o início do triatlo. Um pouco nervoso, mas tomando cuidado para não hiperventilar. Repasso mentalmente item por item, só para ter certeza de que não esqueci coisa alguma. Bracelete de tornozelo computadorizado — *checado*. Esfreguei vaselina no corpo todo; assim, quando terminar de nadar, consigo tirar o traje molhado com facilidade. Alonguei cuidadosamente. Bebi bastante água. E fui ao banheiro. Não esqueci nada. Espero.

Estive nessa prova algumas vezes, então reconheço alguns dos demais participantes. Enquanto aguardo que a corrida tenha início, apertamos as mãos e conversamos. Não sou do tipo que se dá bem facilmente com as pessoas, mas por algum motivo com outros triatletas não tenho problema. Aqueles de nós que participam de triatlos não são pessoas normais. Pense só por um minuto. A maioria dos participantes tem trabalho e família, e além de cuidar disso tudo, eles nadam, pedalam e correm, treinando muito duro, como parte de sua rotina comum. Naturalmente, isso exige um bocado de tempo e esforço. O mundo, com seu ponto de vista tendendo ao bom senso, crê que esse estilo de vida é peculiar. E seria difícil discutir com qualquer um que os rotulasse de excêntricos e esquisitos. Mas existe algo que compartilhamos, não algo tão exagerado como solidariedade, talvez, mas pelo menos uma espécie de emoção afetuosa, como uma névoa indistinta, ligeiramente colorida, sobre um pico no fim da primavera. Claro que a competitividade faz parte dos ingredientes — é uma prova, afinal de contas —, mas para a maioria dos que participam de um triatlo o aspecto competitivo é menos importante do que a percepção do triatlo como um tipo de cerimônia pela qual podemos afirmar esse vínculo compartilhado.

Nesse sentido, o Triatlo de Murakami é uma prova que vem a calhar. Não há competidores demais (algo entre trezentos e quatrocentos), e a disputa não é das mais intensas. Trata-se de um tipo de triatlo modesto, local, doméstico. Os moradores da cidade nos dão as boas-vindas calorosamente. Não há nada pomposo ou excessivo acerca da prova, e esse tipo de atmosfera tranquila me atrai. À parte a própria corrida em si, há maravilhosas fontes de águas termais nas redondezas, a comida é deliciosa e o saquê local (sobretudo o Shimehari Tsuru) é fora de série. Ao longo dos anos em que participei da prova, conheci algumas pessoas na região. Tem até gente que vem de Tóquio só para me encorajar.

Às 9h56 a sirene toca e todo mundo começa imediatamente a nadar. É agora — o momento mais tenso de todos.

Caio na água e começo a chutar e a girar os braços. Tento limpar minha mente de tudo que não tem importância e me concentrar não em puxar o ar, mas em soltar. Meu coração está martelando, e consigo o ritmo certo. Meu corpo está um pouco duro. E, como vocês devem ter imaginado, alguém chuta meu ombro outra vez. Um outro se curva em cima de mim, subindo nas minhas costas, como uma tartaruga tentando passar por cima da outra. Engulo um pouco d'água, mas nada de mais. *Não há nada com que se preocupar*, digo a mim mesmo. *Sem pânico*. Inspiro e expiro num ritmo regular, e isso é o elemento mais crucial nesse exato momento. Conforme faço isso, a tensão se vai. As coisas estão dando certo. Apenas continue a nadar desse jeito. Uma vez dominado o ritmo, tudo que tenho a fazer é mantê-lo.

Mas de repente — e em qualquer triatlo você quase pode esperar por isso — um problema imprevisto surge diante de mim. Enquanto nado, ergo a cabeça para verificar minha direção e penso *Mas o q...?* Meus óculos de natação estão totalmente embaçados, e não consigo ver nada... É como se o mundo inteiro estivesse nublado e opaco. Paro de avançar, nado cachorrinho e esfrego os óculos com os dedos para tentar limpá-los. Mas ainda não consigo ver. O que está acontecendo? Esses óculos são os que uso o tempo todo, já treinei muito com eles e sempre vi aonde estava indo enquanto nadava. Então o que cargas d'água está acontecendo? De repente me toco. Depois de esfregar o corpo com vaselina, não lavei as mãos, então lambuzei os óculos com meus dedos oleosos. Que coisa mais estúpida de se fazer! Antes da largada sempre esfrego os óculos com saliva, para impedir que fiquem embaçados por dentro. E logo dessa vez eu tinha de esquecer de fazer isso.

Durante todo o trajeto de mil e quinhentos metros meus óculos embaçados me incomodaram. Eu saía constantemente do rumo, nadando na direção errada, e perdi um bocado de tempo. Às vezes eu tinha de parar, tirar os óculos, nadar cachorrinho e me localizar. Imaginem uma criança vendada tentando acertar uma pinhata e vocês pegaram a ideia.

Se eu tivesse pensado, dava para ter nadado sem os óculos. Eu deveria simplesmente tê-los tirado. Mas, enquanto nadava, fiquei meio confuso e não tive a presença de espírito de pensar nessa solução. Graças a isso, a parte de natação da prova foi um tanto desordenada, e meu tempo não chegou nem perto do que eu esperava fazer. Em termos da minha capacidade — lembrem-se de como eu treinei duro para aquilo —, eu deveria ter sido capaz de nadar muito mais rápido. Consolei-me com o pensamento de que pelo menos não fui eliminado, não fiquei muito para trás e fui capaz de terminar o nado. E toda vez que consegui nadar em linha reta, fiz um trabalho decente, acho.

Cheguei à praia e fui direto para onde as bicicletas estavam estacionadas (o que parece fácil, mas na verdade não é), tirei o traje de banho muito justo, enfiei os tênis de pedalar, o capacete e os óculos escuros, bebi um pouco d'água e, finalmente, disparei pela estrada. Pude fazer tudo isso tão mecanicamente que, no momento em que voltei a pensar, eu me dei conta de que estivera dando braçadas no mar nem bem um minuto antes e que agora estava correndo a trinta quilômetros por hora numa bicicleta. Não importa quantas vezes eu passe por isso, a transição súbita parece estranha. É uma sensação diferente de peso, velocidade e reflexos motores, e você usa músculos completamente diferentes. Você se sente como uma salamandra que virou avestruz da noite para o dia. Não pude fazer a transição com muita rapidez, tampouco meu corpo. Não consegui manter o ritmo e, quase sem eu perceber, sete outros corredores haviam me ultrapassado. *Isso não está bom*, pensei, e até o ponto de retorno não ultrapassei ninguém.

O percurso na bicicleta passa por um trecho bem conhecido de litoral chamado Sasagawa Nagare. É um lugar muito pitoresco, com formações rochosas incomuns projetando-se da água, embora, é claro, eu não tivesse tempo de apreciar a paisagem. Pedalamos desde a Cidade de Murakami na direção norte ao longo do mar, para fazer meia-volta perto da divisa com a Prefeitura de Yamagata, e então voltar pelo mesmo trajeto. Havia subidas em diversos pontos, mas nada íngreme o bastante para me fazer perder força. Antes de chegar ao retorno, não me preocupei em ultrapassar ninguém, nem de ser ultrapassado, mas me concentrei em pedalar a um ritmo uniforme, usando uma marcha mais fácil. A intervalos regulares, eu pegava a garrafa ali embaixo e tomava um rápido gole d'água. Conforme fazia tudo isso pouco a pouco, comecei a me sentir novamente confortável na bicicleta. Sentindo-me senhor da situação outra vez, quando chegamos ao retorno diminuí a marcha, acelerei e, na segunda metade da corrida, ultrapassei sete pessoas. O vento não estava soprando forte, então pude pedalar com força máxima. Quando o vento está muito forte, ciclistas amadores como eu sofrem para burro. Fazer o vento trabalhar a seu favor exige anos de experiência e um bocado de habilidade. Quando não há vento, porém, tudo se resume à força das pernas. Terminei finalizando os quarenta quilômetros numa velocidade maior do que eu esperava, e então calcei meus velhos tênis de corrida para o último trecho da prova.

Quando comecei a correr, contudo, as coisas ficaram bem feias. Normalmente, eu teria me segurado um pouco na parte da bicicleta e poupado energia para a corrida, mas dessa vez, não sei por qual motivo, isso nem me passou pela cabeça. Simplesmente fui a toda, depois comecei a correr com tudo. Como você pode imaginar, minhas pernas não funcionaram direito. Minha mente ordenava "Corram!", mas os músculos das pernas entraram em greve. Eu podia me ver correndo, mas não tinha a sensação de correr.

Cada prova é um pouco diferente, mas a mesma coisa básica acontece em todo triatlo. Os músculos que eu forcei por mais de uma hora quando estava pedalando, os que eu ainda espero conseguir fazer com que peguem no batente quando começo a correr, simplesmente não se movem harmoniosamente. Leva tempo para os músculos mudarem de um registro para outro. Durante os três primeiros quilômetros minhas duas pernas parecem travadas o tempo todo, e só depois disso finalmente consigo *correr*. Dessa vez, porém, levou um bom tempo para chegar a esse ponto. Das três modalidades do triatlo, correr é obviamente minha especialidade, e normalmente sou capaz de ultrapassar com facilidade pelo menos trinta outros corredores. Mas dessa vez só ultrapasso dez ou quinze. Mesmo assim, fiquei feliz por ser capaz de compensar um pouco meu desempenho. Em meu último triatlo eu havia sido ultrapassado por um monte de gente na parte da bicicleta, mas dessa vez era minha corrida que não ia tão bem. De qualquer modo, havia diminuído a diferença entre as modalidades nas quais eu era bom e nas que eu não era, ou seja, quem sabe eu estivesse pegando o jeito para ser um verdadeiro triatleta. Isso definitivamente era algo que valia a pena comemorar.

Enquanto eu corria pela linda parte antiga da Cidade de Murakami, os aplausos dos espectadores — moradores comuns, eu presumia — me incitaram a continuar, e espremi minha última gota de energia conforme me aproximei da linha de chegada. Foi um momento exultante. Havia sido uma corrida difícil, com certeza, graças às minhas desventuras com a vaselina, mas assim que cruzei a linha de chegada, tudo desapareceu. Depois que recuperei o fôlego, troquei um sorriso e um aperto de mão com o sujeito usando o número 329. "Bom trabalho", dissemos um ao outro. Ele e eu disputamos posições na corrida de bicicleta, ultrapassando um ao outro diversas vezes. Bem quando comecei a correr, meus cadarços desamarraram e por duas vezes tive de parar para amarrar. Se ao menos isso não tivesse acontecido, sei que eu teria conseguido ultrapassá-lo — ou pelo menos essa é minha hipótese otimista. Quando peguei ritmo no fim da corrida, quase consegui ultrapassá-lo, mas terminei três metros atrás. Naturalmente, a responsabilidade por não verificar o cadarço dos tênis antes da corrida recai inteiramente sobre este que vos fala.

Em todo caso, eu passara afortunadamente a linha de chegada, em frente à Prefeitura de Murakami. A prova terminara. Não me afoguei, meu pneu não furou, não fui queimado por uma medusa maligna. Nenhum urso feroz deu o bote em mim, e não fui picado por vespas, nem atingido por um raio. E minha esposa, esperando na linha de chegada, não descobriu alguma verdade desagradável sobre mim. Em vez disso, me recebeu com um sorriso. Graças sejam dadas.

A coisa mais feliz para mim quanto à prova desse dia foi que consegui, num nível pessoal, apreciar de fato o evento. O tempo total que consegui obter não era nada de que se gabar, e cometi uma porção de pequenos erros ao longo do caminho. Mas dei o melhor de mim e fiquei com uma sensação agradável de dever cumprido. Acho também que melhorei em um monte de áreas desde a prova anterior, o que é um ponto importante a ser considerado. Em um triatlo, a transição de uma modalidade para a seguinte é difícil, e a experiência sempre conta em qualquer situação. Por meio da experiência, você aprende a compensar suas fraquezas. De outro modo, aprender com a experiência é o que torna o triatlo tão mais divertido.

Claro que foi doloroso, e houve momentos em que, emocionalmente, eu simplesmente queria chutar o balde. Mas a dor parece ser um pré-requisito nesse tipo de esporte. Se não houvesse dor envolvida, quem neste mundo se daria o trabalho de participar de esportes como o triatlo ou a maratona, que exigem tal investimento de tempo e energia? É precisamente por causa da dor, precisamente porque queremos suplantar essa dor, que conquistamos o sentimento, mediante esse processo, de realmente estarmos *vivos* — ou ao menos uma sensação parcial disso. A qualidade de sua experiência está baseada não em padrões como tempo ou colocação, mas em finalmente acordar para uma consciência da fluidez que há dentro da própria ação. Quando as coisas transcorrem bem, é claro.

Na estrada de Niigata para Tóquio, vi uma boa quantidade de carros com bicicletas presas no teto, voltando da prova. As pessoas dentro deles eram todas bronzeadas e fortes — o típico físico de triatleta. Após nossa despretensiosa prova em um domingo de outono, estávamos todos a caminho de nossos lares, de volta a nossas vidas comuns. E com a próxima prova em mente, cada um de nós, em casa, vai muito provavelmente retomar com calma o treino usual. Ainda que, visto de fora, ou de uma perspectiva mais distanciada, esse tipo de vida pareça sem sentido ou fútil, ou até extremamente ineficiente, isso não me incomoda. Talvez isso seja uma atitude sem sentido comparável, como eu já disse antes, a derramar água em uma panela velha com um furo no fundo, mas pelo menos o empenho que você dedica a ela permanece. Se é ou não bom para alguma coisa, se parece algo bacana ou nem um pouco, em última análise o que é mais importante é o que você não pode ver, mas pode sentir em seu íntimo. Para conseguir captar alguma coisa de valor, às vezes você tem de realizar atos aparentemente ineficientes. Mas mesmo atividades que parecem infrutíferas não necessariamente terminam sendo. Essa é a impressão que eu tenho, como alguém que sentiu isso, que vivenciou.

Não faço ideia se posso manter esse ciclo de atividades ineficientes para sempre. Mas tenho feito isso tão persistentemente por tanto tempo, e sem ficar terrivelmente cheio de fazê-lo, que acho que vou tentar continuar fazendo enquanto puder. A corrida de longa distância (mais ou menos, para o bem ou para o mal) me moldou como a pessoa que hoje sou, e tenho esperança de que ela continue a ser uma parte de minha vida pelo maior tempo possível. Ficarei feliz se a corrida e eu pudermos envelhecer juntos. Pode não parecer haver muita lógica nisso, mas foi a vida que escolhi para mim. Não que, a essa altura tardia, eu tenha outras opções.

Esses pensamentos passaram por minha cabeça enquanto eu estava no carro depois do triatlo, indo para casa.

*

Espero que nesse inverno eu corra outra maratona em algum lugar do mundo. E tenho certeza de que no verão seguinte vou participar de outro triatlo em alguma parte, dando o melhor de mim. Assim as estações vêm e vão, e os anos vão se passando. Vou envelhecer mais um ano e, provavelmente, terminar outro romance. Uma a uma, enfrento as tarefas diante de mim e as termino do melhor jeito que posso. Concentrando--me sempre na passada seguinte, mas ao mesmo tempo adotando uma visão de longo alcance, esquadrinhando o cenário o mais longe possível. Sou, afinal de contas, um corredor de longas distâncias.

Meu tempo, a posição que atingi, minha aparência externa — tudo isso é secundário. Para um corredor como eu, o que realmente importa é atingir o objetivo a que me propus, com minhas próprias forças. Dou tudo de mim, suporto o que for necessário e sou capaz, a meu próprio modo, de ficar satisfeito. Dos fracassos e alegrias sempre tento sair tendo alcançado uma lição concreta. (Tem de ser concreta, por menor que seja.) E espero que, com o tempo, à medida que uma corrida se siga a outra, no fim eu chegue a um lugar em que esteja contente. Ou talvez tenha apenas um vislumbre dele. (Sim, esse é um jeito mais apropriado de ver a coisa.)

Um dia, se eu tiver uma lápide e puder entalhar nela meu epitáfio, eis o que gostaria que dissesse:

Haruki Murakami
1949-20**
Escritor (e Corredor)
Pelo menos ele nunca caminhou

Neste momento, é tudo que tenho a dizer.

Epílogo

Em estradas pelo mundo todo

Como indicam os títulos de cada capítulo deste livro, a maior parte dos escritos reunidos aqui foi composta entre o verão de 2005 e o outono de 2006. Não escrevi tudo de uma só tacada, mas um pouco de cada vez, sempre que fui capaz de encontrar tempo livre entre um e outro trabalho. Cada vez que escrevia mais, eu me perguntava: *Bom — o que está na minha cabeça bem agora?* Embora este não seja um livro longo, levou um bom tempo do início ao fim, e ainda mais depois que terminei, para retocar e retrabalhar cuidadosamente.

Ao longo dos anos, publiquei inúmeras coletâneas de ensaios e relatos de viagem, mas não tive muitas oportunidades como esta para me concentrar em um único tema e escrever diretamente sobre mim mesmo, de modo que tomei todo o cuidado em assegurar que ficasse exatamente do jeito que eu pretendia. Eu não queria escrever demais sobre mim mesmo, mas se não falasse honestamente sobre o que tinha de ser dito, escrever este livro teria sido inútil. Eu precisava voltar ao manuscrito muitas vezes durante um determinado período de tempo; no mais, não teria sido capaz de explorar essas camadas delicadas.

Vejo este livro como um tipo de memória. Não algo tão grandioso quanto uma história pessoal, mas chamá-lo de coletânea de ensaios é um pouco forçado. Isso é repetir o que eu disse no prefácio, mas pelo ato de escrever eu queria separar os tipos de vida que levei, seja como romancista, seja como pessoa comum, ao longo dos últimos vinte e cinco anos.

Quando surge a questão sobre em que medida um romancista deve se ater ao romance, e em que medida deve revelar sua verdadeira voz, cada um tem seu próprio parâmetro, é impossível generalizar. Mas, para mim, havia a esperança de que escrever este livro me permitiria descobrir meu próprio parâmetro pessoal. Não estou muito confiante de ter feito um grande trabalho nessa área. Mesmo assim, quando terminei, fiquei com a sensação de que tirara um peso dos ombros. (Acho que talvez tenha sido exatamente o momento apropriado de escrever este livro, quando o fiz.)

Após o término do livro, já participei de várias corridas. Eu estivera planejando tomar parte de uma maratona no Japão no início de 2007, mas, pouco antes da prova, algo incomum para mim, peguei uma gripe e não pude correr. Se tivesse corrido, teria sido minha vigésima sexta maratona. Como resultado, cheguei ao fim da temporada — do outono de 2006 à primavera de 2007 — sem correr uma única maratona. Fiquei um pouco contrariado, mas vou tentar melhorar na próxima temporada.

Em vez de uma maratona, em maio participei do Triatlo de Honolulu, um evento de extensão olímpica. Consegui terminar com facilidade e me diverti bastante, acabando num tempo melhor que da última vez. E no fim de julho eu estava no Triatlo do Tinman, também em Honolulu. Como eu vivia lá havia cerca de um ano, também tomei parte em uma espécie de campo de treinamento para triatletas, praticando com outros moradores de Honolulu três vezes por semana durante três meses. Esse tipo de programa de treinamento realmente ajudou, e tive oportunidade de arranjar alguns "camaradas triatletas" no grupo.

Correr uma maratona durante os meses frios e participar de um triatlo durante o verão se tornou o ciclo de minha vida. Não existe um período fora de temporada, então pareço estar sempre ocupado, mas não vou me queixar. Isso me trouxe imensa felicidade. Para falar a verdade, estou meio interessado em tentar um triatlo completo, como a competição do ironman, mas se chegasse a esse ponto receio que o treinamento iria (decididamente) tomar uma parte tão grande do meu tempo que acabaria interferindo em meu verdadeiro trabalho. Não vou atrás de mais ultramaratonas pelo mesmo motivo. Para mim, o principal objetivo de me exercitar é manter, e melhorar, minha condição física a fim de que eu possa continuar a escrever romances, e se as corridas e o treinamento invadem o tempo que preciso para escrever, isso seria como pôr o carro na frente dos bois. E é por isso que venho tentando manter um equilíbrio decente.

Nesse meio-tempo, correr por um quarto de século traz um monte de boas lembranças.

Uma que recordo particularmente foi correr no Central Park em 1983 com o escritor John Irving. Na época eu estava traduzindo seu romance *Setting Free the Bears* e, enquanto me hospedava em Nova York, pedi para entrevistá-lo. Ele me disse que estava ocupado, mas se eu aparecesse de manhã, quando ia treinar no Central Park, poderíamos conversar enquanto corríamos juntos. Falamos sobre todos os tipos de coisas conforme contornávamos o parque de manhã. Naturalmente, não gravei nossa conversa, e não dava para fazer nenhuma anotação, de modo que tudo que consigo lembrar hoje é a imagem feliz de nós dois juntos correndo no fresco ar matinal.

Na década de 1980 eu costumava correr todas as manhãs em Tóquio e muitas vezes cruzava com uma jovem atraente. Passamos correndo um pelo outro durante vários anos e viramos conhecidos de vista, trocando um sorriso a título de cumprimento toda vez que nos cruzávamos. Nunca conversei com ela (sou muito tímido) e é claro que nem sequer sei seu nome. Mas ver seu rosto toda manhã quando eu corria era um dos pequenos prazeres da vida. Sem prazeres como esse, é muito difícil sair da cama e correr todos os dias.

Outra lembrança que guardo com o maior carinho foi de correr na cidade de Boulder, no Colorado, com Yuko

Arimori, medalha de prata na maratona feminina dos Jogos Olímpicos de Barcelona. Foi apenas uma corrida leve, mas, mesmo assim, viajar desde o Japão e correr de repente a uma altura de três mil metros foi muito difícil — meus pulmões doíam, senti tontura e uma sede terrível. Yuko me lançou um olhar frio e disse: "Algum problema, senhor Murakami?". Descobri como é severo o mundo dos corredores profissionais (embora deva acrescentar que ela é uma pessoa muito gentil). Lá pelo terceiro dia, contudo, meu corpo já se acostumara à atmosfera rarefeita e pude apreciar devidamente o ar revigorante das Montanhas Rochosas.

Conheci muita gente por intermédio da corrida, o que tem sido um de seus verdadeiros prazeres. E muitas pessoas têm me ajudado e me encorajado. Nesse ponto, o que devo fazer — como em um discurso de recebimento do Oscar — é expressar meus agradecimentos a muitas pessoas, mas é gente demais para agradecer, e os nomes provavelmente não significariam nada para os leitores. Vou me restringir aos seguintes.

O título deste livro é tirado do título de uma coletânea de contos de um escritor que adoro, Raymond Carver, *What We Talk About When We Talk About Love*. Sou grato a sua viúva, Tess Gallagher, por ter sido gentil o bastante de me permitir usar o título dessa maneira. Também devo meus mais profundos agradecimentos ao editor deste livro, Midori Oka, que aguardou pacientemente por dez anos.

Finalmente, dedico este livro a todos os corredores que encontrei pelas ruas — os que ultrapassei e os que me ultrapassaram. Sem todos vocês, eu nunca teria continuado a correr.

HARUKI MURAKAMI
AGOSTO DE 2007

1ª EDIÇÃO [2010] 24 reimpressões

ESTA OBRA FOI COMPOSTA EM ADOBE GARAMOND PELA ABREU'S SYSTEM
E IMPRESSA EM OFSETE PELA GEOGRÁFICA SOBRE PAPEL PÓLEN BOLD
DA SUZANO S.A. PARA A EDITORA SCHWARCZ EM MAIO DE 2025

A marca FSC® é a garantia de que a madeira utilizada na fabricação do papel deste livro provém de florestas que foram gerenciadas de maneira ambientalmente correta, socialmente justa e economicamente viável, além de outras fontes de origem controlada.